자타공인

내 인생 MVP 만들기,
보험 세일즈의 재구성-世1'S

자·타·공·인(自·他·公·人)

김 경 지음

내 인생 MVP 만들기,
보험 세일즈의 재구성-世1'S

자·타·공·인(自·他·公·人)

초판인쇄   2021년 5월 14일
초판발행   2021년 5월 15일

지은이   김 경

펴낸곳   출판이안
펴낸이   이인환
등록   2010년 제2010-4호
편집   이도경 김민주
주소   경기도 이천시 호법면 이섭대천로 191-12
전화   010-2538-8468
제작   세종 PNP
이메일   yakyeo@hanmail.net
ISBN   979-11-85772-85-1(03320)
가격   16,000원

고용 없는 시대가 도래했다.
일자리보다 일거리를 찾아야 한다.
창업으로 성공할 자신이 있다면
굳이 돈을 쓰지 말고
무자본으로 시작하라.
보험 세일즈가 최적의 직업이다.

당신은 1인 기업가다

우리는 한 치 앞도 예측할 수 없는 불확실성 시대를 살고 있다. 『1등이 아니라 1호가 되라』의 저자 이내화 교수는 앞으로 "고용 없는 시대가 도래한다"고 역설하고 있다.

"은행지점의 은행원은 대략 15명 안팎일 것이다. 그런데 10년 전에는 30~40명이나 되었다. 재미있는 건 그 지점이 10년 전에 비해 약 4배 정도 성장했다는 사실이다."

이 말은 우리 경제가 고용 없는 성장의 시대로 접어들었음을 보여준다. 즉 '일자리'보다 '일거리'를 구해야 하고, '취업'보다 '창업'에 더 신경을 써야 하는 시대로 접어들었음을 보여주는 것이다.

"창업으로 성공할 자신이 있다면 굳이 돈을 쓰지 말고 무자본으로 시작하라."

『해적들의 창업 이야기』(최규철, 신태순 지음) 저자들의 이야기를 귀담아 들어야 한다. 무자본으로 시작할 수 있고, 리스크를 최대한 줄일 수 있는 세일즈 업종이 시대의 대세로 자리잡을 것이기 때문이다.

『파는 것이 인간이다(To Sell Is Human)』에서 미래학자 다니엘 핑크는 누구나 인지하든 그렇지 않든 무언가 팔고 있다고 피력했다. 그런 차원에서 보험 세일즈만큼 일반인들에게 친숙한 직업도 드물 것이다.

필자는 수십 년간 보험업계 교육 분야 커리어와 경험을 바탕으로 〈자타공인〉이란 알고리즘을 통해 보험 세일즈를 재구성하기 위해 이 책을 출간하기로 했다.

1장엔 자(自)/ 자신만만한 직업이다, 2장엔 타(他)/ 타인이 인정한다, 3장엔 공(公)/ 공적인 직업이다, 4장엔 인(人)/ 인지상정이다 등으로 구성했다.

보험 세일즈에 대한 비전을 제시함으로써 무자본 창업이 대세인 보험 세일즈에 입문하는 다수의 도전자에게 긍정적인 동기부여를 제공하고자 했다.

보험 세일즈에 도전하는 이들이 자타공인을 받을 수 있는 실질적인 Do-How을 세심하게 담았다. 누구든지 이 책에서 제시하는 대로 실천에 옮긴다면 성공이란 열매를 거둘 수 있을 것이라 믿는다.

보험 세일즈는 더 이상 그냥 상품을 파는 일이 아니다. 〈卋1'S〉, 즉 세상에서 1등이 되는 업이자 고용 없는 시대에 스스로 MVP가 되는 생존전략이다.

당신도 충분히 보험 세일즈, 즉 〈卋1'S〉로 거듭날 수 있다. 그러려면 이 책을 통해 당신이 하는 일을 파는 일로만 보지 말고 세상에서 1등이 되는 전술로 무장해야 한다.

보험 세일즈에 도전하는 당신, 즉 〈자타공인〉을 향한 당신은 '세일 즈맨'이 아니라 무고용 시대에 '1인 기업가'로 성공의 족적을 남기는 쾌거를 이룰 것이다.

이 책은 보험 세일즈에 첫발을 떼는 당신에게 훌륭한 이정표가 될 것이다. 성공의 달콤한 물이 있는 곳까지 안내하는 것은 먼저 그 길을 걸어온 선배인 필자의 몫이지만, 그 성공의 달콤한 물을 마시고 안 마시고의 선택은 전적으로 후배인 독자들의 몫이다. 모쪼록 현명한 후배들의 현명한 선택이 있기를 바라는 마음 간절하다.

2021년 5월

김 경

공(公) 공적인 직업이다

인(人) 인지상정이다

자(自)

자신만만한 직업이다

Lesson 1

세일즈는 〈世1's〉다

사람들은 존재하는 것만을 보고 "왜 그럴까?" 생각하지만,

나는 존재하지 않는 것을 꿈꾸고 "왜 그러지 않을까" 생각한다.

- 조지 버나드 쇼

"세일즈란 무엇입니까?"

"파는 것이다."

보험 세일즈를 시작하는 사람들에게 물으면 대개 이렇게 답한다.

그래서 재차 물어본다.

"세일즈 하면 어떤 생각이 드십니까?"

중요한 질문이다.

당신은 세일즈라고 하면 먼저 어떤 생각이 드는가?

세일즈를 파는 것이라고 생각하는 사람들은 대부분 세일즈에 대해서 부정적인 생각을 갖고 있다. 아니 이들만이 아니라 대부분 일반 사람들도 세일즈에 대해서는 먼저 부정적으로 생각하는 경향이 있다. 왜 이런 현상이 생기는 걸까? 무엇을 판다는 것 자체가 어렵기도 하지만, 사기 싫은 사람에게 파는 것이라는 고정관념이 있기 때문이다.

"나 요즘 세일즈하고 있어."

세일즈를 시작하는 사람이 주변 사람들에게 이렇게 말하면 슬슬 피하는 사람들이 생기는 것을 경험하게 된다. 세일즈 하면 파는 것으로 생각하기에 부정적으로 보기 때문이다.

세일즈를 시작하려면 먼저 세일즈에 대한 이런 고정관념부터 버려야 한다. 실제로 세일즈로 성공한 사람들은 세일즈에 대한 자부심이 강하고 판매하는 상품에 대한 남다른 자긍심마저 갖고 있다. 그들이 세일즈로 성공한 이유는 세일즈를 긍정적으로 보기 때문이다.

보험을 예로 들어보자. 보험은 누구나 가입하고 싶고 가입해야 하는 상품으로 인식하고 있다. 따라서 성공한 컨선트들은 보험을 세일즈 할 때 남다른 사명감을 갖고 활동한다. 그런데 보험 세일즈를 막 시작하는 사람은 세일즈에 대한 부정적인 고정관념을 갖고 있기에 보험의 긍정적인 면을 보지 못하고 있다. 그러니 잘 나가는 선배들은 연봉 수억 원을 받으며 승승장구하고 있는데 시작부터 용기를 잃고 쩔쩔 매는 일이 생기는 것이다.

그렇다면 어떻게 해야 할까? 세일즈를 시작하기 전에 먼저 세일즈에 대한 부정적인 생각부터 확실히 털어내야 한다. 세일즈로 성공하려면 먼저 세일즈에 대한 정의부터 긍정적으로 확실하게 세워야 한다.

필자가 세일즈를 시작하는 이들에게 늘 강조하는 말이다. 세일즈를 잘 하려면 먼저 세일즈에 대한 자부심과 긍지가 분명해야 한다. 당신이 세일즈에 뜻을 두고 있다면 이것부터 크게 따라해 보자.

"세일즈는 〈世1'S〉다!"

그렇다. 세일즈는 "세상에서(世) 최초의 방법으로(1) 최고가 될 수 있는(1) 다양한 방법('S)을 활용하는 것"이다. 세일즈에 대해 이렇게 분명한 정의를 내리고 접근하면 지금까지 갖고 있던 세일즈에 대한 부정적인 생각을 털어내고, 세일즈로 성공한 이들이 누리는 성공의 길로 들어설 수 있다.

당신은 자신을 얼마나 사랑하는가? 자신을 사랑하는 사람은 자신 안에 간직하고 있는 소중한 것들을 발견해서 잘 활용할 수 있다. 자신이 자신에게 얼마나 중요한 존재인지를 알기 때문이다. 따라서 우리는 스스로 자신을 사랑하기 위해 수시로 자신에게 물어야 한다. 나는 나를 얼마나 사랑하고 있는가?

"누군가는 얘기한다. 시간이 모든 것을 해결해 준다고. 그러나 모든 것을 변화시켜야 하는 것은 바로 당신이다."
- 팝 아티스트 앤디 워홀

모든 것의 시작은 결국 나 자신이다. 자신을 사랑하는 것으로부터 세상을 변화시킬 수 있다. 따라서 세일즈로 세상을 변화시키고 싶으면 먼저 앤디 워홀의 말을 가슴에 새겨야 한다. 그러면 어떤 일을 새롭게 시작할 때마다 자신을 사랑하는 것부터 챙기기 시작하는 자신을 발견할 수 있을 것이다. 처음엔 미미하지만 나중엔 큰 결실을 얻는 경험을 할 수 있다.

소방 호스로 만드는 '남다른' 가방으로 성공한 사람이 있다. 자신을 사랑하기에 가족을 사랑하고 그것으로부터 자신만의 경쟁력을 갖춘 경우다. 파이어 마커스의 이규동 대표의 이야기다. 그는 어린 시절에 화재로부터 안전을 지켜내는 아버지가 영웅이어서 자연스레 아버지의 직업을 동경했다. 그는 아버지와 같은 소방관이 되기 위해 소방학교에 진학했지만, 그곳에서 정작 소방관을 지켜주는 사람이 없다는 것을 알게 되었다. 그래서 스스로 자신의 영웅인 소방관을 지키겠다는 의지로 남다른 일을 도모한다. 소방관들의 헌신과 노력의 흔적이 담긴 폐 소방 호스로 가방을 만든다. 그리고 그 판매 수익금으로 소방관을 소박하게 도와주면서 아름다운 성장을 지속했다.

그의 노력으로 자신의 인생과 가족의 의미, 그리고 제품의 의미를 고객과 함께 할 수 있는 스토리를 담아 소방호스로 가방을 만들어 마침내 명품 가방 1호의 탄생을 알린다. 최초의 상품을 만들어 최고가 되었다. '세상의 최초의 상품을 만들어 최고가 될 수 있는 다양한 방법을 활용' 하는 세일즈(世1'S)의 힘을 확인시켜 주었다.

"처자식만 빼고 다 바꿔라!"

삼성그룹을 초일류기업으로 성장시킨 고 이건희 회장의 이 유명한 말에는 "No·1 아니면 Only·1 되어야 한다"는 절박감이 담겼다는 것을 알아야 한다. 그렇게 절박감을 갖고 세일즈(世1'S)를 추구했기에 오늘날 삼성과 대한민국이 있는 것이라고 해도 과언이 아니다.

제4차 산업혁명 시대는 'Only 1'의 시대다. 6살 어린이의 일상을 담은 유튜브 채널이 수십억 원에 달하는 빌딩을 매입했다는 소식을 접할 때 'Only 1'의 시대를 더욱 절감해야 했다. 지금은 자신만의 장점을 극대화하고 세상에 최초이자 하나뿐인 상품을 세일즈(世1'S)해야 한다.

보험 세일즈도 예외가 아니다. 자신의 장점을 찾고 극대화할 수 있어야 무한의 가치를 만들 수 있다. 따라서 보험 세일즈를 시작하려면 먼저 보험에 대한 부정적인 이미지를 털어내고, "세일즈는 〈世1'S〉다!"라는 긍정적인 이미지를 새겨가며 끊임없이 자신의 장점을 살려나가야 한다. 자신을 사랑하는 것은 모든 일의 시작이자 끝이며 가치 있는 것을 만들어 내는 원동력이다. 당신이 그 원동력을 갖춘다면 자신만의 'Only 1 전략'으로 보험 세일즈의 새로운 세계를 열어갈 수 있다. "세일즈는 〈世1'S〉다!"라는 신념으로 '나만의 장점으로 나를 브랜드'로 만들어나가야 한다.

지금부터 자신을 〈주식회사 나〉로 세워야 한다. 일명 'I-브랜드'를 창출하는 것이다. 그러면 세상에서 최초가 되고 나아가 최고의 성과를 내는 길을 열게 될 것이다.

'I-Brand' 창출은 어렵지 않다. 별도 교육 없이 현재 당신 자체만으로도 충분하다. 누구나 자신만의 장점과 강점을 살릴 수 있다면 얼마든지 크고 작은 성공 스토리를 만들어갈 수 있다. 작은 시도를 통해서 'I-Brand'라는 나만의 성공 스토리를 창조할 수 있다. 어떻게 세일즈 성공 스토리를 만들어 갈 것인가?

"말주변이 좋은 것은 세일즈 하는 데 장점일까요? 아니면 말주변이 부족한 것이 장점일까요?"

보험 세일즈 강의를 할 때 이런 질문을 받을 때가 있다. 그때마다 필자는 말한다. 둘 다 장점이 될 수 있다고. 말을 잘하는 사람은 고객을 잘 설득해서 높은 성과를 낼 수 있고, 말주변이 없는 사람은 차별화된 지식과 자료를 통해 신뢰감을 주어 고객을 설득할 수 있다.

"외향적인 성격과 내성적인 성격 중에 세일즈 하는 데 어떤 것이 더 좋을까요?"

이것도 마찬가지다. 둘 다 장점을 갖고 있다. 외향적인 사람은 고객과의 활발한 교류를 통해 성과를 낼 수 있고, 내성적인 사람은 차분한 상담을 통해 고객의 공감을 얻을 수 있다. 말재주와 성격은 전혀 걱정할 필요가 없다. 문제는 그것을 어떻게 받아 들여 자신의 장점으로 활용하느냐에 달려 있다.

보험 세일즈를 시작한다는 것은 자신의 장점을 찾아 스스로 그 장점을 인정하는 위대한 작업이다. 그 장점은 자신의 브랜드를 찾게 한다. 따라서 지금 당장 자신의 장점을 찾아 나서야 한다.

장점을 찾았으면 이제 그것을 어떻게 성장시킬 것인지 생각해 보자. 보험 세일즈를 좀 더 쉽게 시작하는 문을 열 수 있다. 아무리 찾아도 장점은 없고 약점밖에 안 보인다면 그 약점을 장점으로 약진의 발판을 만들어야 한다.

보험 세일즈는 자신만이 가진 것을 투자해 자신만의 브랜드로 고객에게 어필하는 일이다. 자신의 가치를 최고로 인정받아야 성공할 수 있는 사업이다. 이것은 타인과의 경쟁보다 자신과의 경쟁을 더 필요로 한다. 오롯이 자신이 가진 정보를 통해 고객과 공유하고 공감을 얻어내야 성공할 수 있는 사업이다.

예를 들어 어떤 사람이 갑작스런 질병으로 병원에 입원했다고 생각해 보자. 이때 보험회사와 컨설턴트의 도움으로 치료비 걱정 없이 완치한 경험이 있다고 해보자. 그렇다면 이 사람은 이후에 보험상품 지식은 부족하더라도 자신이 경험한 사례를 고객과 공유할 수 있는 자신만의 장점을 갖게 되는 것이다.

지금 유지하고 있는 보험을 생각해 보자. 그 보험을 왜, 어떻게, 무엇을 위해 가입했는지 본인은 알고 있다. 이처럼 자신이 가입한 보험

에 대해 알고 있는 것을 고객에게 설명하는 것만큼 설득력 있는 방법
도 없을 것이다. 누구라도 컨설턴트가 좋아서 가입한 보험에 가입하
고 싶어하기 때문이다. 이 얼마나 확실한 자신만의 장점인가?

"세일즈는 세, 일, 즈 (卋, 1, 'S)다."

명심하자. 보험 세일즈란 "세상에서(卋) 최초의 방법으로(1) 최고가
될 수 있는(1) 다양한 방법('S)"이다. 이제 세상에서 자신만의 장점을
찾아 자신만의 세일즈 영역을 구축해 최초와 최고에 도전해보자.

☞ **信의 한 수 | 'I-Brand' 만들기**

당신이 생각하는 당신의 장점을 생각해보아라. 그리고 최소 9개만
이라도 적어보자. 이것이 당신의 'I-Brand'의 DNA를 찾는 길이다.

1 ＿＿＿＿＿＿＿ 2 ＿＿＿＿＿＿＿ 3 ＿＿＿＿＿＿＿

4 ＿＿＿＿＿＿＿ 5 ＿＿＿＿＿＿＿ 6 ＿＿＿＿＿＿＿

7 ＿＿＿＿＿＿＿ 8 ＿＿＿＿＿＿＿ 9 ＿＿＿＿＿＿＿

Lesson 2

과연 세일즈가 대세일까?

미래는 예측하는 것이 아니고 상상하는 것이다.

따라서 미래를 지배하는 힘은 읽고, 생각하고, 정보를 전달하는 능력에 의해 좌우된다.

- 앨빈 토플러

"제4차 산업혁명 시대에 보험 세일즈는 어떻게 되겠습니까?"

보험 세일즈 강의 때 자주 받는 질문이다. AI시대에는 보험 컨설턴트가 가장 많은 타격을 받을 것이라는 기사를 보고 하는 질문이다.

당신은 어떻게 생각하는가?

필자는 시대가 아무리 바뀌어도 걱정할 필요가 없다며 이렇게 단호하게 답한다.

"AI시대가 생활 전면에 펼쳐지더라도 보험 세일즈는 큰 영향을 받질 않을 겁니다. 왜냐하면 보험은 관계를 통하여 가족의 사랑을 표현하는 강력한 방법이기에 오히려 강화될 것입니다."

그렇다. 제4차 산업혁명 시대에도 보험 세일즈는 더 확장될 것이다. 지금 당신이 보험 세일즈를 시작한다면 제4차 산업혁명 시대가 본격적으로 전개된 시기에 활동하게 된다. 즉 물 들어왔을 때 노를

젓는 셈인 것이다. 이 얼마나 최적의 직업인가?

2007년 6월 29일 오후 6시, 인류 역사상 가장 짧은 시간에 가장 큰 변화가 일어난 것을 기억하는 사람이 얼마나 될까? 애플사의 아이폰 2G가 미국 AT&T 대리점과 애플매장에서 판매가 시작된 날이다. 그후 지구상의 거의 모든 일상을 손안에서 해결하는 일들이 가능해졌다. 그때부터 호모 사피엔스가 아니라 포노 사피엔스라는 신조어가 생겼다. 스마트폰이 만든 신인류라는 의미다.

제4차 산업혁명의 핵심 키워드는 융합과 연결, 초연결성, 초지능성, 예측가능성이다. 사물과 사물이 인터넷 통신망으로 연결되고(초연결성), 그렇게 연결된 막대한 데이터를 분석하여 일정한 패턴을 파악하며(초지능성), 분석과 결과를 토대로 행동을 예측하는(예측 가능성) 시대인 것이다.

제4차 산업혁명이 시작되면서 많은 직업이 사라질 것이다. 하지만 어둠이 있으면 밝음이 있는 것처럼 사라지는 것만큼 강화되는 직업도 있기 마련이다. 미래학자들의 연구에 의하면 미래에는 협상이나, 대인관계를 통해 상호협력을 이끌어내고, 새로운 아이디어를 창출하는 등의 요소를 필요로 하는 직업은 앞으로 더욱 강화될 직업이라고 했다. 보험 세일즈는 바로 이런 조건을 충족하기에 앞으로 더욱 대세가 될 확률이 높다.

2016년에 이세돌은 알파고한테 4패를 당했다. 알파고는 세상의 모든 기보를 다 외우고 있어서 대승을 거둘 수 있었다. 이세돌이 유일하게 1승을 올렸는데 그 비결은 제78수에 있었다고 한다. 바둑계의 설명에 따르면, 제78수는 상상하기 어려운 창의적인 수였다는 것이다. 알파고는 기보를 암기만 하고 있었기에 이세돌 9단의 창의력에 패할 수밖에 없었던 것이다. 암기력은 창의력을 이길 수 없다는 것을 보여준 것이다.

보험 세일즈는 창의력을 필요로 한다. AI를 활용하면 고객에게 맞는 상품을 다양한 사례별로 분석해서 최적의 데이터로 최적의 상품을 구성할 수는 있다. 하지만 창의력이 부족해서 고객의 감정까지 해결해주지는 못한다. 고객이 상품을 구매하는 감정 중 가장 중요한 것은 판매자와 상품에 대한 신뢰의 감정이다. 고객의 감성적인 부분을 터치하여 신뢰를 형성해가는 것은 사람에게 최적화된 일이다. 따라서 제4차 산업혁명 시대에 최적화된 보험 세일즈의 특성만 갖추면 AI보다 사람이 우위를 보일 수밖에 없다.

※ 제4차 산업혁명 시대 보험 세일즈의 특성

1. 〈人터Net〉을 활용할 수 있다

급격한 IT 기술의 발달과 인터넷의 진화를 통해서 모든 것들이 연결되는 시대에 맞게 초연결성을 통해 시너지 효과를 발휘하면 고객의 성과와 이윤을 극대화할 수 있다. 따라서 보험 세일즈는 인터넷(人터NET), 즉 사람과 사람이(人), 일정한 장소를 통하여(터), Networking을 실행해야 한다. 인공지능이 연결했던 지식과 경험을 보험 세일즈는 〈人터Net〉을 통하여 사람과 사람을 연결하고 관계를 형성해가면서 성과를 내는 비즈니스로 발전시켜야 한다.

2. 프리에이전트 시대의 주역이 될 수 있다

미래학자 다니엘 핑크와 토마스 프레이는 향후 10년 안에 대부분 국가에서 프리에이전트들이 차지하는 직업 비율이 40%에 육박할 것이라고 한다. 기업에게는 고정비용을 줄이고 일의 양에 따라 고용을 탄력적으로 운영할 수 있는 장점을 제공한다. 여기에 모바일을 통해 언제 어디서나 일할 수 있는 디지털 노마드 시대가 열리고 있다. 즉 프리에이전트와 디지털 노마드가 새로운 세일즈 세계를 여는 것이다.

이런 시대 변화에 살아남으려면 전문적인 지식과 경험을 갖춰, 시작에서 성과를 창출하는 것까지 모두 개인이 책임을 져야 한다. 누구나 자신의 가치를 세일즈 할 수 있어야 하는 것이다.

보험 세일즈는 자신이 가지고 있는 정보과 경험을 고객과 공유하는 일이다. 이를 통해 공감을 얻고, 공감을 얻은 부분에 적합한 상품을 판매하는 과정이다. 그리고 그 가치를 극대화할 수 있도록 유지하는 활동이다. 보험 세일즈야말로 프리에이전트 시대에 최적화된 직업이다.

3. 데이터로 할 수 없는 것을 채울 수 있다

AI를 활용하면 최적의 보험료를 찾아내는 것은 사람보다 탁월할 수 있다. 하지만 보험 증권에 포함된 사랑은 데이터로 표현할 수 없기에 AI가 대체할 수 없다. 즉 AI는 보험에 가입하기 싫어하는 사람의 니즈(Needs)를 환기 시킬 수 없지만 보험 세일즈는 고객의 마음을 잘 알기에 필요에 따라 얼마든지 니즈를 환기 시킬 수 있다.

전문적인 지식과 사후 처리가 중요치 않은 세일즈 활동은 온라인 마케팅 부서로 이관되고 있다. 반대로 전문성이 필요한 IT 솔루션 컨설턴트나 금융설계 컨설턴트 등은 다양한 형태의 이름으로 세일즈가 진화하고 있다. 한번 구매가 일어나면 그 상품의 효능이 다할 때까지 평생 A/S를 제공하는 시대를 열고 있다. 따라서 이제 보험 세일즈는 〈판매하는 세일즈〉에서 〈학습하는 세일즈〉로 전환되어야 한다. AI가 쉽게 따라올 수 없는 영역이기에 그만큼 경쟁력이 있기 때문이다.

당신이 생각하는 보험 세일즈의 장점을 써보자. 그리고 그 장점을 살리기 위한 방안을 모색해 보자.

직업 탐구, 보험 세일즈

누군가 꽃을 가져다주기를 기다리지 말고 자신만의 정원과 영혼을 가꿔라.

- 베로니카 쇼프스톨

직업을 선택하는 이유 중에 자신 스스로에게 인정받으려는 욕구가 있다. 보험 세일즈를 시작할 때 꼭 챙겨봤으면 한다. 관점을 자신에게 돌리면 장점이 보인다. 반대로 관점을 타인에게 돌리면 단점이 더 많이 보이는 것이 보험 세일즈다. 따라서 세일즈를 시작하기 전에 자신의 잠재력을 보고, 다른 사람들의 말보다는 자신의 내면의 목소리를 들어보면서 보험 세일즈가 갖는 장점을 찾아야 한다.

심리학자 매슬로우는 의식주 생활에 관한 욕구를 1단계 생리적 욕구로, 2단계를 안전에 대한 욕구로, 소속감과 애정의 욕구를 3단계로, 타인에게 인정받고자 하는 욕구인 존경의 욕구를 4단계로, 가장 높은 단계의 욕구인 자아실현의 욕구는 자기만족을 느끼는 욕구로 구분했다. 그리고 각 욕구는 하위 단계의 욕구들이 어느 징도 충족되있을 때 점차 상위 욕구로 나아간다고 주장했다. 여기서 중요한 것은 바로 최상위의 욕구인 자아실현의 욕구이다. 직업을 선택할 때 자아를 실현할 수 있고, 자신에게 인정받을 수 있는 것을 택할 수 있다면 이보다 좋은 것도 없을 것이다.

필자는 자아실현의 욕구를 충족시키는 데 보험 세일즈만한 것도 없다고 생각한다. 보험 세일즈는 자신이 목표를 수립하고 달성하며 피드백 하는 1인 기업이기에 성장을 통해 자신에게 인정받을 수 있는 확률이 높은 직업이다. 물론 그러려면 세일즈는 단순하게 물건을 파는 것이 아니라 마케터(Marketer)이고, 1인 기업 CEO라는 자부심을 가져야 한다.

보험 세일즈는 누구를 흉내낼 것이 아니다. 그대로의 자신의 모습에서 가치를 찾아 자신만이 세상에서 가장 잘 할 수 있는 일로 만들어가야 한다. 그러려면 자존감(self-esteem)을 키워야 한다. 자신에 대한 존엄성을 외적인 인정이나 칭찬에 의한 것이 아니라 자신 내부의 성숙된 사고와 가치에 의해 얻어지는 것으로 받아 들여야 한다.

세일즈 성공학 대가인 지그 지글러의 『정상에서 만납시다』라는 책에 빅터 세리브리아코프라는 주인공이 있다. 그는 열다섯 살에 선생님으로부터 "네가 학교를 졸업하는 것은 불가능한 일이야. 빨리 공부를 집어치우고 장사를 배우는 편이 훨씬 나을 거야."라는 충격적인 말을 듣는다. 그때부터 스스로를 저능아라고 생각하며 많은 직업을 전전하며 근근이 살아간다. 그런데 32세 때 우연히 IQ 테스트를 했는데, 놀랍게도 161이라는 결과를 받는다. 그때부터 그는 천재처럼 행동했다. 많은 책을 저술했고, 많은 특허를 취득하여 성공한 기업가로 변신했다. 그리고 전체 인구의 2%에 속하는 천재들만 가입할 수 있다는 '국제멘사협회(Meansa)' 회장이 되었다.

보험 세일즈를 시작한다는 것은 자신의 잠재능력을 일깨워 외부로 표현하는 적극적인 과정이다. 당신이 마음만 먹으면 보험 세일즈를 시작할 수 있도록 많은 전문가들이 도움을 준다. 당신이 자신감을 갖고 입문을 한다면 얼마든지 전문가의 도움을 통해 자신만의 잠재능력을 발현할 수 있다. 필자가 보험 세일즈는 자신으로부터 인정받을 수 있는 직업이라고 강조하는 이유는 다음과 같다.

첫째, 자존감(self-esteem)이 향상된다.

『자존감 수업』 저자인 정신과 전문의 윤홍균 박사는 "자존감이 가장 강력한 스펙이다."라고 주장한다. 이렇게 중요한 스펙인 자존감을 쉽게 향상시키는 방법은 자신이 수립한 목표를 자신 스스로 달성하는 것이다. 스스로 세운 목표를 스스로 달성했을 때 자신에 대한 긍정적인 감정이 극대화하기 때문이다.

보험 세일즈를 준비한다면 먼저 작은 성취감으로 자존감을 높이기 위해 일찍 일어나기, 약속 시간 지키기, 긍정적인 말하기 등 평소에 쉽게 할 수 있는 작은 행동목표를 수립해서 실천해보자. 예를 들어 아침 6시에 기상하는 목표를 수립하고 지켜보는 것이다. 약속 시간을 꼭 지키겠다는 목표를 정하고 실천해 보는 것이다. 이러다 보면 그

과정에서 얻는 작은 성취감을 맛보면서 자존감도 조금씩 자라는 것을 느끼게 될 것이다.

둘째, 자기 인생의 주인이 된다.

미래학자 다니엘 핑크는 『자기주도적인 삶 Drive』에서 21세기 창조형 인간의 기준으로 '자기주도성, 전문성, 목적성' 세 가지를 제시했다. 자기주도성을 가진 사람은 자기 인생의 주인이 되어 적극적으로 활동하기 때문에 무슨 일을 하든지 창의적으로 추진하고 달성해 나간다고 한다.

보험 세일즈는 모든 것을 자기주도적으로 선택하고 실행하고 책임을 지고 해나가야 한다. 무엇보다 누구의 지시에 움직이는 수동형 인간이 아니라 자기 인생의 주인이 되어 모든 것을 스스로 선택하기에 가장 창의적으로 일할 수 있다. 그 창의성이 곧 성과로 이어진다.

제4차 산업혁명 시대에 대세로 자리잡은 '퍼스널 브랜드'는 자신이 주인이 되어 자신을 최고의 상품으로 만든 것이다. 보험 세일즈야말로 '퍼스널 브랜드'의 최고 상품으로 자기 인생의 주인으로 우뚝 세우는 21세기형 직업이라고 할 수 있다.

셋째, 자학(自虐)이 아닌 자학(自學)을 할 수 있다.

학창 시절 자율학습하면 좋은 일만 떠오르지 않는다. 싫어도 할 수밖에 없는 것이라 모든 게 피동적일 수밖에 없었다. 하지만 어른이 되면 학창시절로 돌아가서 공부하고 싶다는 사람이 의외로 많다. 예전에는 '학습-〉취업-〉퇴직'이었다면 이제는 '학습-〉취업-〉퇴직-〉학습-취업-〉퇴직 -〉?'으로 변하고 있다. 100세 시대엔 공부하는 시기가 따로 있을 수 없다. 수명 연장과 그에 따른 여가 시간이 계속 늘어나고 삶에 대한 질적 향상의 욕구가 날로 더 커지기 때문이다.

보험 세일즈는 지속적으로 성장하기 위해 자기주도학습이 필요하다. 판매 전 활동준비, 고객 반응, 활동 후 피드백을 통해 스스로 배우는 자학(自學)하는 습관이 절대적으로 필요한 것이다. 회사가 운영하는 교육을 통한 학습도 중요하지만 세일즈 현장에서 고객과의 만남을 통해 스스로 하는 학습도 매우 중요하다. 보험 세일즈는 자학(自虐)이 아닌 자학(自學)을 할 수 있어야 한다. 자기주도적인 학습이 당신을 최고의 보험 세일즈맨으로 만들어 줄 것이다.

☞ **信의 한 수 | 흩어진 나의 자존감 찾기**

당신이 자존감을 찾기 위해 해야 할 것은?

1 _____ 2 _____ 3 _____

4 _____ 5 _____ 6 _____

7 _____ 8 _____ 9 _____

보험 세일즈, 내가 할 수 있을까?

세상을 보는 데는 두 가지 방법이 있다. 한 가지는 모든 만남을 우연으로 보는 것이고 한 가지는 모든 만남을 기적으로 보는 것이다. 세상의 모든 만남은 우연이 아닌 기적이다.

- 알베르트 아인슈타인

"제가 보험 세일즈 잘 할 수 있을까요?"

보험 세일즈를 준비하는 사람들 대상으로 강의가 끝나면 몇몇 교육생들이 가장 많이 하는 질문이다. 새로운 직업에 도전하는 사람들이 누군가를 통해 확신을 갖기 위한 질문이라고 보기에 당연히 이렇게 확신을 심어준다.

"그럼요, 당연히 잘할 수 있지요."

이럴 때마다 고등학교 입학식 때가 생각난다.

"선생님, 제가 원하는 대학에 갈 수 있을까요?"

선생님은 당연하다는 듯이 말했다.

"그럼, 당연히 원하는 대학에 갈 수 있지."

이때 선생님의 뻔한 답을 듣고 나서 얼마나 큰 힘을 얻었던가?

아주 당연한 말 같지만 여기에는 사실 질문하는 사람의 자세가 중요하게 작용하고 있다. 다시 한번 두 사람의 질문을 보자.

"제가 보험 세일즈 잘 할 수 있을까요?"

"선생님, 제가 원하는 대학에 갈 수 있을까요?"

질문이 매우 긍정적이다. '당연히 잘 될 것'이라는 답을 유도하는 질문이다. 이 얼마나 긍정적인 마인드인가?

1950~60년대 미국과 구소련 간의 냉전이 한창이었다. 우주 탐사 분야에서도 두 나라는 피 튀기는 경쟁을 했다. 소련이 1957년 10월 4일 세계 최초 인공위성 스푸트니크 1호를 발사한다. 그리고 1961년 4월 12일 구소련 우주비행사 유리 가가린이 보스토크 1호를 타고 인류 최초로 유인 우주 비행에 성공한다. 1965년 최초로 우주유영도 해냈다. 1966년에는 무인 우주탐사선인 루나 9호를 달에 연착륙하는 데 성공하는 등 우주 탐사 분야에서 인류 최초의 기록들을 세웠다.

구소련에 자극을 받은 미국은 1961년 사람을 10년 이내에 달에 착륙시키는 '아폴로 계획'을 세운다. 1969년 7월21일에 닐 암스트롱은 인류 최초로 달에 발을 내딛는다. 당시 아폴로 계획의 실현 가능성에 대해 과학자들 사이에서는 논란이 많았다. 그러나 존 F. 케네디는 이렇게 연설했다.

"우리가 달에 가기로 한 것은 쉬워서가 아니라 어렵기 때문이다."

이런 긍정적인 마인드가 구소련보다 미국을 먼저 인류 최초로 달을 정복한 국가로 만들었다.

에디슨은 전구의 필라멘트로 쓸 재료를 실험하기 시작해 탄소, 루테늄, 크롬으로 1,600여 개가 넘는 재료로 실험했지만 번번이 실패했다. 전문가들은 에디슨의 연구를 쓸데없는 짓이라며 비웃었지만 그는 포기하지 않고 실험을 계속했다. 우연히 무명실을 생각한 그는 무명실로 필라멘트를 만들어 빛이 들어오게 하는데 성공한다. 하지만 수명이 45시간밖에 되지 않았다. 그는 그 후에 13개월 동안 6,000여 종이 넘는 재료를 사용해 7,000번 이상의 실험을 한 끝에 획기적인 진전을 이룬다. 그리고 그것을 개량해 텅스텐으로 필라멘트를 만들어서 전구 안을 질소와 아르곤으로 채워 드디어 전구 수명을 연장시키는데 성공한다. 에디슨은 실패조차 실패로 받아 들이지 않고 끊임없이 성공에 이르는 과정으로 생각했다. 이렇게 하면 안 된다는 실패의 가능성을 지우는 것으로 실험을 해나갔을 뿐이다.

한국 추상예술의 아버지라고 불리는 김환기 화백의 '우주'라는 작품이 132억 원에 낙찰되어 한국미술 경매 사상 최고가를 기록했다. 그는 1913년 전라남도 신안에서 대지주 외아들로 태어나 가업을 잇기를 바라던 아버지와 갈등했다. 하지만 그는 선착장이 있는 섬까지 헤엄쳐 일본 유학길에 오른다. 1937년 일본에서의 학업을 마치고 귀국하여 국내에 '반추상'이라는 새로운 영역을 창조한다. 서울대 서양화과 교수, 한국미술가협회장을 지내며 안정적으로 활발한 활동을 하지만, 안주하지 않고 한국의 정서를 담은 작품으로 세계의 거장들과 당당하게 경쟁하고 싶어서 마흔넷의 나이에 파리로 떠난다. 그곳에서 동양인 화가에 대한 차별과 생활고로 어려움을 겪는다. 3년 반의 고난을 겪은 파리 생활을 접고 귀국하여 모두가 인정하는 홍익대 학장직에 취임하지만 51세에 현대 미술의 새로운 메카인 뉴욕행을 결심하고 또 떠난다. 그의 위대한 작품에는 실패에 대한 두려움은 어디에도 찾아볼 수 없는 시도와 실천이 담겨 있다. 무엇보다 자신이 하는 일에 자부심을 갖고 매사에 긍정적으로 시도해서 지속성을 유지한 결과다. 자신의 선택을 믿고 시도했기에 가능한 일이었다.

"과연 내가 보험 세일즈를 잘할 수 있을까?"

당신이 만든 이런 의구심은 실천을 가로막는 장애물일 뿐이다. 이 장애물은 당신이 확신을 갖고 긍정적인 마인드로 밀어붙일 때 확 무너뜨릴 수 있다. 당신이 성공으로 가는 큰 장애물을 제거하게 되는 것이다.

보험 세일즈로 성공하기 위해서는 긍정적인 마인드로 다양한 시도를 해야 한다. 이렇게 할 때 시작을 즐겨하는 Starter가 되고, 학습 의욕이 있는 Learner가 되고, 누군가를 도와주고 싶은 Helper가 될 수 있다. 필자는 보험 세일즈로 성공하기 위한 'S-L-H' 세 박자를 강조한다.

※ 성공을 위한 S-L-H 세 박자

1. 시작을 즐기는 Starter

시작을 즐기는 사람이 보험 세일즈에서 성공 가능성이 높다. 무엇이든 시작을 즐겨야 성공할 수 있다. 잘 하기 위한 준비와 좋은 기회를 잡기 위해 계속 생각만 하고 있으면 아무 소용이 없다. 성공자에게 시작은 반이 아니고 시작이 전부이다. 시작을 즐기는 사람은 무슨 일이든 잘 할 수밖에 없다.

"지금 여기에서, 지금 가진 것으로, 지금 할 수 있는 것을 하라."

킴벌리 커버거의 말을 가슴에 새길 필요가 있다.

2. 학습 의욕이 있는 Learner

연수차 미국 뉴욕에 있는 N보험사를 방문한 적이 있다. 보험 세일즈를 잘 할 수 있는 사람의 기준을 알고 싶었다. 그때 담당자는 잠시의 머뭇거림도 없이 말했다.

"학습 의욕이 있는 사람이다."

학력, 연령 등 제반 조건보다는 학습에 대한 의욕이 있는 사람이라면 보험 세일즈를 시작할 수 있고 충분히 잘 할 수 있다고 했다.

학습의욕이란 꼭 공부하는 것을 의미하는 건 아니다. 고객과 동료로부터, 자신 스스로에게 배우려는 총체적인 자세를 의미한다. 모든 것으로부터 배우고자 하는 의욕만 있으면 스승은 어디서든 만날 수 있다. 그만큼 성공할 기회가 많아진다. 학습의욕을 통해 체득한 배움은 고객에게 그대로 전달되기 때문이다.

3. 누군가 도와주고 싶은 Helper

1998년 미국 하버드 대학 의대생들 대상으로 봉사 활동과 신체 변화를 실험한 연구가 있었다. 연구 결과는 봉사활동에 참여한 후에 체내 면역 기능을 측정한 결과 면역 기능이 크게 증강되었다는 것을 보여주었다. 또한 마더 테레사의 전기를 읽게 한 다음 인체 변화를 조사했더니 그것만으로도 생명 능력이 크게 향상된 것으로 나타났다. 희생과 봉사정신으로 누군가를 도와주면 신체에 긍정적인 영향을 미치는 것을 '마더테레사 효과'라고 부르는 이유가 여기에 있다. 보험 세일즈는 누군가에게 도움을 주고 싶은 마음이 강한 사람에게 최적의 직업이다.

"다 퍼주는 사람이 성공한다."

개성상인들에게 내려오는 말이다. 남을 도와주고 싶은 사람은 보험 세일즈에서도 성공할 가능성이 높다. 도움을 주는 만큼 행복감이 높아지고, 그 결과로 얻는 것이 훨씬 더 많아지기 때문이다. 이들은 다음과 같은 타고르의 말을 실감할 수 있다.

"잠이 들자 나는 인생은 행복한 것이라고 꿈꾸었다. 깨어나자 나는 인생이 봉사라는 것을 알았다. 나는 봉사했고 봉사하는 삶 속에 행복이 있음을 알게 되었다."

보험 세일즈는 배워서 남 주는 직업이다. 고객의 행복이 지속적으로 유지되도록 끊임없이 고객에게 도움을 주는 직업이다. 당연히 그만큼 행복한 삶을 영위할 수 있고, 누군가에게 도움을 주는 그만큼 성공 가능성도 높아진다.

다음 시트를 작성해서 당신이 가장 오래 머무는 곳에 붙여라.

He can do, She can do, Why not me!

"우리들이 마음속에 그린 꿈을 간절히 바라고,
깊이 믿고, 열의를 다해 행동하면,
그것이 무엇이든지 반드시 현실로 이루어진다."

- 폴 J. 마이어

VISION	달성 시한

GOAL	달성 시한

ACTION	달성 시한

출처 _ SMI Korea

최고의 직업! 선택 기준 3가지

믿는 일, 해야 할 일, 하고자 하는 일은 용감하게 하라.

- 데일 카네기

"20년 넘는 직장 생활 중 가장 많이 들었지만 실천하기 힘든 것이 있었습니다. 무엇일까요?"

강의를 시작하기 전에 많이 하는 질문이다.

생각해 보자. 직장 생활하는 이들이 가장 많이 들었지만, 가장 실천하기 힘든 것은 무엇일까?

그것은 바로 경쟁력을 우선시하는 직장에서 "변화를 따라 잡아라", 또는 "변화를 선도하라"며 귀에 못이 박히도록 하는 말이다. 그만큼 변화는 성과를 창출해야 하는 기업이나 조직 안에서 앞서가기 위해 개인에게도 중요한 키워드다.

노자(老子)는 작은 것의 변화를 통해 커다란 문제를 해결할 수 있는 이치를 깨달았다. 그는 겨울날 나뭇가지 위에 수북이 쌓인 눈을 지탱하지 못하고 부러지는 굵은 나뭇가지를 보았다. 그리고 눈이 쌓이자 자연스레 휘어져 눈을 떨어트린 후 원래대로 튕겨져 오르는 나뭇가지도 보았다.

"아하, 형태를 구부러뜨림으로써 변화하는 것이 버티고 저항하는 것보다 훨씬 더 나은 이치로구나!"

노자는 두 모습을 보고 이렇게 큰 깨우침을 얻을 수 있었다.

"우주에 변하지 않는 유일한 것은 변한다는 사실뿐이다"라는 그리스 철학자 헤라클레이토스의 말처럼 변화는 늘 우리를 엄습하고 있다. 그만큼 직업을 선택하는 기준도 변해야 한다. 변화에 버티는 것보다 변화를 받아 들이는 것이 훨씬 더 나은 이치를 받아들여야 한다.

'초중고 진로교육 현황조사' 결과를 보면 크리에이터가 초등학생이 희망하는 직업 3위로 올라섰다. 교사와 의사, 경찰관 등에 대한 인기는 여전했지만, 그 비율은 줄어들고 있다. 대신 운동선수가 1위, 교사가 2위, 의사가 3위였는데, 유튜브가 인기를 끌면서 크리에이터가 3위로 자리를 잡은 것이다. 그밖에 상위권에는 뷰티 디자이너, 간호사, 컴퓨터공학자, 소프트웨어개발자, 군인 등이 자리를 잡고 있었다. 비교적 안정을 선호하는 세태를 잘 보여주고 있다. 하지만 교사, 경찰관 등 공무원을 제외한 나머지 직업은 개인적이고 도전적인 직업이다. 그만큼 자신의 능력에 따라 대우받는 직업을 선호한다는 것을 보여준다.

지금은 '취업, 취직 시대'에서 '창업, 창직 시대'로 가고 있다. 오죽하면 요즘 20~30세대의 꿈이 퇴사라는 말이 있다. 치열한 경쟁률을 뚫고 취업에 성공하더라도 평생직장 개념으로 근무할 수 있는 직장은 찾아보기 힘들다. 시대 상황을 반영한 사오정, 오육도, 삼팔선은 지나간 유행이고, 이제는 사필귀정(40대에는 반드시 정년퇴직한다), 체온 퇴직(직장인들이 인식하는 체감 퇴직연령인 36.5세가 인간의 체온인 36.5도와 같다는 의미)는 신조어가 대체하고 있다. 직장을 그만두는 연령대가 점점 더 낮아지는 것을 보여주는 말들이다. 그만큼 자영업자가 늘어나고 있다. 2018년 기준으로 우리나라 자영업자 비중이 25%에 달해서 경제협력개발기구(OECD) 국가 중 5위로 일본보다 높다는 것은 이런 변화를 잘 보여주고 있다.

그런데 어쩔 것인가? 대부분 자영업이 5년 안에 폐업한 비율이 58.5%에 달하는 것을. 또한 개인 자영업자의 사업소득이 2017년 208만 원에서 2019년 193만 원으로 6.9% 하락한 것을 보면 자영업=고소득으로 여겨졌던 예전에 비해 큰 변화가 일어났음을 알 수 있다.

'치느님', '치맥', '치밥' 등 다양한 신조어가 말해 주듯이 한국인들이 가장 선호하는 음식 중 하나가 치킨임을 반영하듯이 치킨집 창업을 하는 이들이 많지만, 이들의 생존율은 극히 낮게 나타나고 있다. 그러자 리스크가 덜한 프랜차이즈 사업으로 눈을 돌리는 이들이 많다. 하지만 이 또한 녹록치 않다. 2015년에 만들어진 프랜차이즈 브랜드 2224개 중 1046개인 47.0%, 즉 절반에 가까운 브랜드는 1년 안에 문을 닫았다고 한다.

선호하는 직업의 유형이 변화하고 창직과 창업으로 변화가 일고 있지만 다양한 리스크가 상존하고 있는 것이 현실이다. 만약 이러한 리스크를 헷지할 수 있는 직업이 있다면 도전과 성장이 가능할 것이다.

필자가 보험 세일즈를 적극 추천하는 이유가 여기에 있다. 보험 세일즈는 '3無', 즉 無정년, 無점포, 無리스크라는 장점이 있다. 바로 다양한 리스크를 헷지할 수 있는 최적의 직업으로 손색이 없다.

※ 보험 세일즈의 3무(無)

1. 無정년

보험 세일즈는 근무시간과 정년을 내가 선택할 수 있는 직업이다. 샐러리맨들의 가장 큰 고민거리인 시간을 구속받고 정년을 위협받는 상황을 시작과 동시에 모두 해결할 수 있다. 성과를 걱정하는 것은 어떤 직업이나 다 마찬가지다. 보험 세일즈는 이것을 쉽게 해결할 수 있다. 바로 롤 모델을 찾는 것이다. 성공한 보험 세일즈를 몇십 년 동안 유지하고 있는 선배 컨설턴트는 주위에 정말 많다. 따라서 그들을 롤 모델로 찾아 성공사례에 맞추면 언제라도 자신의 플랜을 수립하고 즉시 실천할 수 있다.

성과와 결과는 미래에 벌어질 일이다. 오지도 않은 미래를 불만족스런 결과로 상상하면서 선택을 미루는 것은 지금 고생을 사서 하는 것과 같다. 선배 컨설턴트가 가리키는 성장과 성공을 바라보면 실패와 좌절, 부담에 해당하는 손가락은 보이지 않는다.

지금 당장 성공사례를 선택하는 것은 순전히 당신의 선택이다. 선배 컨설턴트의 경험담은 대부분 자유로운 시간 선택, 성과에 따른 무한 보상, 그리고 정년이 없다는 것을 보여준다. 보험 세일즈야말로 변화하는 시대에 최적의 직업임을 보여주고 있다. 친구의 연봉이 1〈억(億)〉이라는 소리를 듣고 〈억〉장(億丈)이 무너질 것이 아니고 〈억수로〉 무모할지 모르는 도전이지만 정년을 선택할 수 있는 보험 세일즈를 통하여 〈억〉대 소득에 도전해 보는 것이 현명한 선택이라는 것을 알 수 있다.

2. 無점포

자영업의 가장 큰 걸림돌은 점포 임대료, 인테리어, 권리금이다. 하지만 보험 세일즈는 그런 게 필요 없다. 회사가 근무할 수 있는 공간을 제공해주고, 그 공간에서 지속적으로 교육을 시켜준다. 보험 세일즈는 시작과 동시에 회사가 태블릿 PC 등 비즈니스를 할 수 있는 제반 인프라를 제공해 주기에 점포 인테리어와 권리금으로부터도 자유로울 수 있다. 창업 초기비용이 제로인 셈이다.

3. 無리스크

리스크는 다양한 부분에서 발생할 수 있지만 가장 힘든 부분이 경제적인 리스크다. 보험 세일즈는 전혀 리스크가 없다. 자본금을 투자하는 사업이 아니다. 시간과 열정, 그리고 지식과 경험을 투자하고 배움의 열정을 겸비하면 성공이 보장되는 사업이다. 유형자산이 아니라 무형자산을 투자하는 것이다. 따라서 실패하더라도 경제적인 손해가 없다. 실패를 통해 다시 배움으로써 언제든지 새 출발을 할 수 있는 직업이다. 보험 세일즈는 100% 플러스인 비즈니스다. 무한대의 경제적인 이익을 실현할 수 있는 사업이 바로 보험 세일즈다.

시대의 변화는 무한 경쟁사회를 불러오고 무한 경쟁은 다양한 리스크를 껴안도록 요구하고 있다. 하지만 시대의 흐름과 리스크를 피할 수 있고 무한대의 경제적 이익을 실현할 수 있는 직업이 보험 세일즈다.

보험 세일즈는 시간과 정년을 선택할 수 있기에 無정년이며, 점포 임대료를 걱정할 필요가 없는 無점포 사업이며, 자신의 열정만을 투자하기에 無리스크 사업이다. 3無-비지니스인 보험 세일즈는 당신에게 충분히 매력적인 직업이다.

☞ **信의 한 수 | 미래 청사진 그리기**

당신이 보험 세일즈로 성취하고 싶은 것을 그림 또는 숫자로 표현해보자.

보험 세일즈, 지화자(知和自) 좋다

인생의 의미는 내가 붙이고 책임도 내가 진다. 그것이 두려워 사람들은 결정을 미룬다.

- 작가 미상

누구나 어떤 일을 하든 재미있고 의미 있는 일을 하기 원한다. 기업은 재미있고 흥이 나는 회사로 만들기 위해 많은 투자와 노력을 한다. 그것이 실적을 올리는 길이라는 것을 잘 알기 때문이다.

'지화자'란 흥을 돋우기 위해 노래나 춤의 곡조에 맞추어 내는 소리다. 흥(興) 문화를 즐기는 한국인이라면 누구나 '지화자'라고 운을 띄우면 '좋다!'라고 응수하곤 한다. 이런 흥 문화를 세일즈에 적용하는 것은 실적을 올리는 지름길이다.

"보험 세일즈!"

보험 세일즈 시작을 고민하는 사람에게 이렇게 외치면 어떤 반응을 보여야 할까?

"글쎄, 좋긴 한데 내가 할 수 있을까? 실적 감당을 어떻게 하지."

많은 이들이 이렇게 부정적인 반응을 보인다. 하지만 진정으로 보험 세일즈로 성공하고 싶다면, 먼저 이럴 때 바로 "좋다!"라는 말이 자

동적으로 따라오도록 해야 한다. 홍이 있어야 일도 쉽고, 성공할 확률
도 높기 때문이다.

누구나 아침에 눈을 뜨면 출근하고 싶은 직장, 출근해서는 열심히
일하고 조직구성원 간에 협업이 활성화되는 그런 직장을 GWP(Great
Work Place)라고 한다. 일하기 훌륭한 일터, 일하기 좋은 직장을 의미
한다. GWP에서 근무하는 직원은 자신의 업무와 조직에 대하여 자부
심을 가지고 있다. 상사와 경영진에 대한 신뢰로 구축된 신바람 나는
일터를 만든다.

삼성전자는 더 나은 조직문화를 위해 변화를 만들어 내는 일명
CA(Change Agent: 변화 추진자)가 있다. CA는 동료와의 협업을 이끌
어내는 커뮤니케이터의 역할은 물론, 업무 문화 개선을 위해 고민하
는 조직 관리자의 역할을 수행한다. 분기별로 CA들이 중심이 되어 다
양한 활동을 추진하고 있다. 음식을 즐기는 단순한 회식 형태에서 벗
어나 소통의 기회를 통해 신뢰감을 쌓고 새로운 열정을 북돋고 끈끈
한 유대감을 만들기 위한 조직력 강화 행사(예: 뮤지컬 및 영화 감상,
켄버스 조명 액자 만들기 등)로 운영하고 있다.
　　일본의 '미라이공업사'는 펀(Fun)경영으로 유명하다. 선풍기 바람
에 가장 멀리 날아가는 메모에 적힌 이름이나 볼펜을 던져 과장 승진
자를 정한다. 야마다 아키오 사장은 말한다.
　　"사원들을 놀게 해야 해! 할당량 따위는 필요 없어. 사원들은 다 알

아서 해."

신뢰를 기반으로 종업원들 신바람과 흥을 돋는 경영자의 모습이다. 삼성전자 CA와 미라이공업의 공통적인 특징은 종업원의 신바람과 흥이 넘치는 조직문화로 성과를 올린다는 점이다.

"즐거운 조직문화가 1등 DNA를 키운다!"

LG유플러스는 이런 구호 아래 즐겁고 스마트한 조직문화를 만들기 위해 한 달에 두 번, 5시에 칼퇴하는 '스마트 워킹데이'를 운영하면서 직원들로부터 좋은 호응을 얻고 있다. 또한 고민하는 직원들의 고충을 덜어주기 위해 사내 명상실 '비움'도 운영하고 있다. 직원들은 이곳에서 명상과 호흡을 통해 마음수련을 하면서 마음의 건강을 다지고 있다. 스트레스를 관리해서 업무에 대한 집중력과 자신감을 가질 수 있도록 전문 강사의 지도로 마인드 스트레칭 명상프로그램을 체계적으로 운영하고 있다.

호칭에도 변화를 주고 있다. 직책을 부르는 것보다 '님' 호칭을 통해 자유로운 의견 개진이 가능한 수평문화, 핵심만 명확히 한 1페이지 보고문화, 1차에서 1가지 술만으로 9시까지만 하자는 119회식문화, 구성원에게 아낌없는 인정, 격려, 칭찬하는 긍정문화, 이웃사랑을 실천하는 나눔 문화로 유플러스 직원들의 실적을 올리도록 이끌어주고 있다.

보험 세일즈맨은 1인 기업의 CEO다. 따라서 스스로 GWP를 만들어야 한다. 스스로 즐거운 기업문화를 만들어야 한다. 그렇다면 1인 기업으로서 보험 세일즈의 재미와 흥을 돋우려면 무엇을 해야 할까? 바로 "지화자(知, 和, 自) 좋다!" 기법을 적용해야 한다.

※ 보험 세일즈의 지화자 기법

1. 지(知)

보험 세일즈에 흥을 만드는 방법은 세 가지가 있다.

첫째, 낯선 사람을 만나서 배우기. 인맥엔 사각지대가 있다. 그냥 알고 지내거나 낯선 사람처럼 일상적으로 중요하게 여기지 않던 인맥이다. 이들은 우리의 삶을 흥미진진하고 풍요롭게 만들어줄 기회와 정보, 혁신의 가능성을 훨씬 더 많이 제공한다. 이것을 〈낯선 사람 효과〉라고 한다. 보험 세일즈는 조금은 긴장감 속에서 만나는 낯선 사람을 통해서 인생이 변해가는 과정을 즐겨야 한다. 보험 세일즈를 준비하는 사람은 그동안 연락하지 않았던 친구들에게 안부를 묻는 전화부터 시작해야 한다.

둘째, 낯선 곳을 여행하면서 배우기. 여행은 쉼과 낯선 곳에서 통찰(insight)하는 의미도 있다. 보험 세일즈는 낯선 장소에서 낯선 사람을 즐겁게 만나는 직업이다. 낯선 고객을 방문하는 것으로 쉼과 통찰을 얻는 여행과 같은 효과를 누릴 수 있어야 한다.

셋째, 낯선 책을 읽기. 대개 보험회사는 4주 정도 입문 교육을 한다. 주된 교육 콘텐츠는 세일즈 리더십, 판매 상품, 판매 프로세스, 화법, 세일즈 스킬, 그리고 Field Training으로 이뤄진다. 보험 세일즈를 시작하는 사람에겐 이런 교육 내용이 낯설겠지만, 이를 낯선 책을 읽는다는 것으로 받아들이면 인생의 변화를 가져다주는 자양분이 될 것이다.

보험회사 입문교육을 통한 지(知)의 행동은 세일즈에 흥을 돋을 수 있다. 학생이 준비가 되면 스승은 저절로 나타날 것이고 그런 만남은 가장 큰 행복을 전해줄 것이다.

2. 화(和)

인간(人間)은 '사람과 사람의 사이'라는 합성어다. 인간은 관계 속에서 살아가며 다른 사람들과 원만한 화합을 하는 것이 중요하다. 보험 세일즈도 고객과 관계를 좋은 상태로 유지하는 것이 성공의 핵심요소다. 보험에 대한 지식을 근간으로 고객과의 관계 형성을 잘 해야 한다. 관계는 '질문과 경청, 그리고 태도'의 세 가지를 중요하게 다룬다.

첫째, 세일즈 교육은 일반적인 질문교육과 세일즈 프로세스 별로 더 세부적이고 전문적인 교육이 이뤄진다.

"고객님께서 60세가 되신다면 지금 40대인 고객님에게 어떤 질문을 할까요?"

"성공 가능성 100%라면 어떤 가장으로 기억되고 싶으세요?"

"고객님께서는 어느 정도 중요하신 분이세요?"

이처럼 고객의 내면에 숨 쉬고 있는 사랑과 가능성의 DNA를 밖으로 표출할 수 있는 질문 기법을 배운다.

둘째, 이런 질문을 통해 표현되는 고객의 답변에 대하여 경청의 스킬을 배운다. 잘 듣는다는 것 자체가 관계에서 가장 중요한 요소다. 교육장에서 동료들 얘기를 잘 들어주고 공감을 표시하는 연습을 하는 것도 효과적이다. 가족에게 경청하는 모습을 보여주면 즉시 큰 효과를 얻을 수 있다.

셋째, 태도는 고객의 반응에 대하여 지지하고 기대하며 신뢰를 할 수 있는 다양한 기법으로 이뤄진다. 질문과 경청을 통해 적극적인 태도를 학습하는 것이다.

이처럼 질문과 경청, 이를 잘 활용하는 태도를 익힌다면 관계를 좋게 하는 화합은 저절로 이뤄질 것이다.

3. 자(自)

보험 세일즈의 가장 큰 장점은 자유의지다. 자신이 목표를 수립하고 달성함으로써 만족감을 극대화하기 위해 노력하는 직업이다. 근무시간, 정년, 고객, 전략 등 보험 세일즈 전 분야를 자유의지로 해야 한다. 그에 따른 책임도 져야 하지만 스스로 선택할 수 있는 즐거움은 보험 세일즈의 가장 큰 장점이다. 인간은 의미가 부여된 것에 몰입한다. 흥을 내며 과정을 즐기며 최고의 성과를 창출할 수 있다. 보험 세일즈를 시작하는 사람은 자유의지를 충분히 발휘하여 미래를 흥으로 개척해 나갈 수 있어야 한다.

보험 세일즈는 1인 기업으로 GWP 실천전략을 〈지화자〉로 채워야 한다. '흥'을 돋우기 위해 스스로 적극적으로 학습에 임하는 지(知)의 태도, 고객과의 긍정적인 관계 형성을 위한 화(和)의 스킬 교육, 스스로 목표를 수립하고 달성하며 만족하는 자(自)로 채워야 한다. 누군가 "지화자"라고 선창하면 당연히 "좋~다"로 응수하듯이 "보험 세일즈"라고 하면 "좋~다"는 말이 저절로 나와야 한다.

☞ **信의 한 수 | 지 화 자 삼행시 만들기**

〈지화자〉라는 단어로 성공을 부르는 삼행시를 만들어 보자.

— **지 :**

— **화 :**

— **자 :**

Lesson 7

성공을 위하여 '쓰리 고'를 외쳐라

당신이 할 수 있거나 꿈꿀 수 있는 것이 무엇이든 간에 시작하라.

대담하다는 것엔 천재성과 마술과 힘이 담겨있다. 지금 바로 시작하라.

- 괴테

퇴근 무렵 낯선 사람이 길을 물었다. 근처 지리에 익숙한 필자는 대단히(?) 친절하게 미소까지 포장하여 알려드렸다. 친절한 모습에 스스로 대견했다. 가던 길을 다시 재촉하면서 이런 생각이 들었다.

'남에게 미소까지 포장하여 친절하게 대했는데, 나에게는 왜 불친절하고 미소를 보내지 않는가?'

갑자기 궁금해졌다. 생각해 보니 오늘 계획한 일들을 계획으로만 끝내고 행동은 내일로 미루면서 퇴근하는 중이었기 때문이었다.

'왜 이리 안 되지?'

'왜 이리 안 하지?'

이렇게 스스로 묻다 보니 답은 극히 간단했다.

'안 하니까 안 되는 거지!'

그렇다. 후회는 행동하지 않기에 당연히 따라오는 부산물이고, 그렇기에 정작 가장 중요한 나 자신에게는 미소를 지어주지 못하고 있었던 것이다. 그래서 바로 행동할 수 있는 방법을 생각해보았더니 의외로 간단했다. 높은 목표(高)를 수립하고, 선택을 미루게 하는 고정관념(固)을 극복하며, 실행의 힘(Go)을 마음 깊게 인식하는 것, 이처럼 보험 세일즈 시작을 고민하는 사람은 실행의 힘에 대해 생각하고 실천하면 Deep Change(근원적 변화)가 일어날 수 있다.

최평규 S&T그룹 회장은 2019년 신년사에서 즉시 행동하는 것이 중요하다고 강조했다. "S&T그룹은 담대한 도전과 위기관리로 40년을 이어왔다"면서 시대의 위기를 극복하는 해법으로 근원적인 변화를 주문하면서 근원적 변화의 핵심은 '생각하는 즉시 행동'하는 것이라고 강조했다. 계획된 행동을 하지 않는 괴로움은 항상 '후회'라는 마음의 생채기를 남기게 된다. 계획을 일단 행동으로 옮기면 성공, 실패를 떠나 후회의 강도는 크게 줄어든진다.

병균이 우리 몸에 침입했을 때 면역세포가 건강을 보호하듯이 후회는 정신적인 병이 발생하지 않도록 마음을 보호하는 심리적 면역체계다. 따라서 후회를 잘 활용하려면 '행동에 대한 후회'와 '하지 않은 행동에 대한 후회'를 구분해야 한다.

'행한 행동'은 눈에 보이는 행동에 더 많은 신경을 쓰기에 심리적 면역체계가 빠르고 효율적으로 작동한다. 그래서 '행한 행동'에 대해 후회는 오래가지 않는다. 하지만 '하지 않은 행동'은 아주 오랫동안 자신을 괴롭힌다. 심리적으로 주의집중이 잘 안 돼 면역체계가 쉽게 작동하지 않기 때문이다. 따라서 어차피 후회할 거라면 짧게 후회하기 위해서라도 행동해야 한다.

필자가 Big Think와 Big Action을 강조하는 이유가 여기에 있다. 동기이론 중에 에드윈 로코의 목표설정이론(goal setting theory)이란 게 있다. 인간이 합리적으로 행동한다는 기본적인 가정에 기초한 것으로 개인이 의식적으로 얻으려고 설정한 목표가 동기와 행동에 영향을 미친다는 이론이다. 동기와 행동을 유발하여 높은 성과를 달성하기 위해서는 그에 맞는 목표를 설정해야 한다.

짐 콜린스는 '좋은 기업을 넘어 위대한 기업으로'에서 위대한 기업들은 공통적으로 BHAG를 설정한다고 주장했다. BHAG는 크고(Big), 스릴 있고(Hairy), 대담한(Audacious), 목표(Goal)의 뜻을 담고 있다.

경영의 신이라 불리는 일본 교세라의 이나모리 가즈오 명예회장은 "회사라는 조직은 낮은 목표를 세우면 낮은 결과 밖에 얻지 못한다. 성과를 높이기 위해서는 높은 목표를 세워야 한다. 위대한 사업이라는 것은 높은 목표를 갖고서 하루하루를 전력투구해야만 이루어지는 것이다. 높은 목표를 실천해 노력을 거듭한 결과가 지금의 글로벌 기업 교세라를 만들었다."고 강조한다.

김쌍수 전 LG전자 부회장은 2003년에 LG의 혁신을 추진하면서 "5% 정도의 개선은 어려워도 30% 이상 혁신은 가능하다"고 강조했다. 5% 개선을 위해서는 지금보다 더 열심히 해야 하지만, 30% 이상 혁신을 위해서는 생각이나 방법 자체를 바꾸고 창의적인 접근을 해야 기대 이상의 결과를 얻을 수 있다는 것이다.

행동을 통해서만 결과를 얻을 수 있다. 보험 세일즈 시작을 고민하는 것은 보험 세일즈에 대한 부정적인 고정관념만 더 커지는 셈이다. 이런 현상을 없애기 위해서는 즉각 행동으로 옮길 수 있는 "쓰리 고!"를 외쳐야 한다.

※ 즉각 행동으로 옮기는 '쓰리 고'

1. 높을 고(高)

높은 목표가 행동을 낳는다. 고민할 시간에 고생을 선택하라. 고민보다 먼저 큰 목표를 수립하라. 경험이 없이 목표를 수립하는 것은 어렵기에 거꾸로 역산해서 목표를 수립하면 효과적이다. 예를 들어 보험 세일즈 1년 후에 어느 정도의 연봉을 원하는지, 6개월 후에 어떤 모습인지를 상상해본다. 이런 식으로 3개월, 2개월, 1개월에 어떤 모습과 행동을 할 것인지를 어렴풋하게나마 거꾸로 생각해 본다. '역산 스케줄링(Backward Scheduling)'이라고 하는데, 마지막으로 1년 후의 연봉을 달성하기 위해서 어떻게 해야 하나? 할지 말지 고민해야 할까? 아니면 작은 실천을 통해서 한 걸음 나아가야 할까? 1년 후의 연봉이 스스로 원하는 연봉이라면 지금 당장 행동으로 옮길 수 있는 기폭제가 될 것이다.

2. 견고할 고(固)

도전을 가로막는 고정관념을 없애야 한다. 보험 세일즈 하면 성공, 기여, 봉사, 성장, 사랑 등 긍정적인 생각이 떠올라야 한다.

'나는 못해, 누가 좋아하겠어, 아쉬운 부탁을 하는 직업 아닐까?'

이런 부정적인 생각이 더 많이 떠오른다면 보험 세일즈에 대한 부정적인 고정관념이 마음에 가득 차 있는 것이니까 이 분야 전문가를 만나보는 게 좋다. 해당 회사를 방문하거나, 활동 중인 컨설턴트나 교육담당자 면담 등을 추천한다. 눈으로 확인함으로써 고정관념을 바꿀 수 있고 부정적인 에너지를 긍정의 에너지로 바꿀 수 있다.

자신의 부정적인 고정관념을 명확하게 인식하여 눈으로 확인하고 주변의 다양한 성공사례를 청취한다면 고정관념은 얼마든지 극복할 수 있다.

3. 실행할 고(Go)

보험 세일즈 시작을 고민하는 사람이 걸린 병이 있다. '까말까병'이라고 하는데, 어떤 상황에서는 '할까?'라고 했다가, 예기치 못한 상황이 닥치면 '말까?'라는 고민에 쉽게 빠지는 병을 이른다. 오른발을 딛고 왼발이 앞으로 나가면 다음은 오른발이 나가야 일보 전진을 할 수 있다. 하지만 나갔던 왼발을 계속해서 나갔다, 돌아오는 것을 반복하면 뭔가를 한 것 같은데 시간이 지나면 힘만 들고 제자리일 뿐이다.

지금 '까말까병'으로 고민 중이라면 아주 작은 행동을 실천해야 한다. 예를 들어 원하는 지점에 정기적으로 방문하거나 Job에 대한 설명회에 정기적으로 참석하는 것도 효과적인 방법이다. 자신과 비슷한 연령대 컨설턴트 중 성공한 컨설턴트와 진솔한 얘기를 나누는 것도 좋다. 좀 더 적극적인 방법으로 실제 컨설턴트 활동 현장을 함께 가보는 것은 더욱 좋다. 할까 말까 할 때는 "GO!"를 외치면서 작게 실행해보자.

근원적인 변화는 행동을 통해 이뤄진다. 보험 세일즈 시작을 머뭇거리는 사람들의 근원적인 변화와 행동을 위하여 [高]높은 목표를 수립하고, [固]고정관념을 없애며, [Go]실천의 위대함을 믿고 결단하여 쓰리고를 외치는 것이 필요하다.

완벽한 기회란 존재하지 않는다. 조금 불완전 하게 느끼고 있다면 그것은 해도 된다는 사인이다. 지금 당장 하자라고 결단하는 것은 불완전한 것을 완전한 기회로 만드는 것이다. 지금 위대한 결단을 내리는 것은 이미 성공한 것이나 다름없는 위대한 시작이다. 결단! 결단! 결단! 쓰리 고, 바로 성공으로 가는 작은 행동이다.

당신의 성공을 인생을 위한 캐치프레이즈를 만들어 보자.

_____

_____

_____

_____

_____

_____

_____

_____

_____

_____

_____

_____

_____

_____

_____

3인이면 누구나 성공할 수 있다

우리가 어떤 일을 감히 하지 못하는 것은 그 일이 너무 어렵기 때문이 아니라

어렵다는 생각에 사로잡혀 그 일을 시도하지 않기 때문이다.

- 세네카

강의를 하면서 보험 세일즈를 하고는 싶은데 자신감이 없어서 도전을 두려워하는 분들이 많다는 것을 알게 되었다. 그리고 이들은 늘 〈3아〉를 입버릇처럼 달고 다닌다는 것을 알게 되었다.

"아는 사람이 없어서….'

"아는 게 없어서….'

"아쉬운 소리 못해서….'

참 안타까운 일이다. 이런 사람은 당장 〈3아〉를 버리고 〈삼인(人 引認)〉을 챙겨야 한다. 누구나 지금 가지고 있는 것으로 충분히 되고 싶고(Be), 하고 싶고(Do), 갖고 싶은 것(Have)을 가질 수 있다. 없는데서 찾지 말고 바로 지금 알고 있는 사람(人)과 타인을 끌어당기는 인간적인 매력(引), 그리고 상황을 참아낼 수 있는 인내력(忍)을 챙겨보자. 〈3인〉만 챙기면 보험 세일즈는 누구나 성공할 수 있다.

존 쉴림(John Schlimm)은 하버드대에서 교육학 석사학위를 받고도 정규직 채용에 번번이 떨어지는 좌절의 시간을 보내고 있었다. 그는 고향에서 교직도 구하고 책도 출간하려는데 제대로 되는 것이 없었다. 그러다 작은 마을의 성당 수녀원인 세인트메리에서 아흔 살 아우구스티노 수녀를 만나 인생의 전기를 마련한다.

"행복해지기는 어렵지 않아요. 가진 걸 사랑하면 돼요."

아우구스티노 수녀의 짧은 말에 큰 울림은 받은 그는 행복한 제2의 인생을 열었다. 지나치게 단편적이고 너무 뻔한 얘기처럼 들릴 수 있지만 가장 어려운 것이 지금 가진 것을 사랑하는 것이다. 그만큼 그것을 실천하며 행복할 수 있는 것이다. 자신에게 주어진 환경, 자신만이 가지고 있는 조건을 사랑하는 연습이 필요하다. 당장 완벽하게 행복해질 수 있고 새로운 일도 도전할 수 있다.

탈 벤 샤하르 교수의 '행복수업'은 하버드대 재학생의 약 20%가 수강할 정도로 인기가 높다. 그는 2014년 우리나라를 방문해서 인터뷰를 통해 다른 사람과 자신을 비교하고 스스로의 행복은 모른 채 타인의 행복을 부러워하는 사람들에게 이렇게 조언한다.

"5분, 아주 잠시만이라도 우리가 가진 것들 가령 친구나 음식, 할 수 있는 일 등이 얼마나 소중한지 생각해보면 행복감이 생길 것이며, 5분 전보다 긍정적인 마음이 커지고 건강해진다."

잠시 동안 마음을 지금 가진 것에 생각의 닻을 내리고 감사의 마음을 갖는다면 누구나 잠시 전보다 행복해 질 수 있다. 그 행복이 또 다른 성장과 성공의 계기가 된다.

은코시 존슨(Nkosi Johnson, 1989~2001)은 에이즈에 걸린 엄마로 인해 HIV 바이러스를 갖고 남아공에서 태어나 2살때 버려졌으나 양어머니에게 입양되었다. 그때 9개월을 넘지 못한다는 의료진의 진단을 받았지만 가장 오래 산 어린이 에이즈 환자로 알려져 있다. 그는 12살 생일날 그는 만여 명 앞에서 다음과 같은 연설을 했다.

"그대 가진 모든 것을 다해 할 수 있는 모든 것을 하라. 그대가 지금 있는 그곳에서 바로 이 시간에."

지금 우리가 서 있는 곳에서 현실적인 문제들로 인해 잊혀져버린 자신만의 꿈과 끼를 생각하는 시간을 가질 필요가 있다. 틀림없이 성공적인 보험 세일즈와 연계할 수 있는 밖으로 내보여지지 않았던 거대한 가능성을 느낄 수 있다. 지금은 많은 사람들 중에 가장 잘하기 위한 〈Best 시대〉라기보다 자신만의 독창적인 것으로 성공할 수 있는 〈Only 의 시대〉이기 때문에 성공하려면 이제 당신도 〈3인〉을 챙겨야 한다.

※ 성공의 조건 3인

1. 사람 인(人)

내가 만날 사람에 대해 먼저 이해해야 한다. 불치병을 낫게 해주는 알약이 있다면 가장 먼저 누구에게 알리겠는가? 알약이 당장 필요한 사람에게 가장 먼저 알릴 것이다. 보험 세일즈란 자신이 아는 정보를 지금 가장 필요한 사람에게 전달하고 공감을 얻는 비즈니스다. 인생에서 가장 필요한 가족사랑 표현방법을 알려주는 사업이다.

조 지라드는 1:250법칙을 적용해서 미국의 전설적인 자동차 판매왕이 되었다. 어떤 모임이나 장례식에 참석하는 조문객, 결혼식에 참석하는 축하객이 250명 정도인 것을 보고, 한 명이 맺고 있는 인간관계는 평균 250명이라는 결론을 얻은 것이다. 따라서 한 명에게 제대로 호감을 얻으면 그 효과는 250명에게 확장될 수 있고, 다시 그 사람들의 호감을 얻는다면 금방 6만 2500명까지 긍정적인 인상을 얻을 수 있다는 법칙을 발견했다.

따라서 지금 아는 사람 한 명에 호감을 얻기 위해 노력을 기울이는 것이 매우 중요하다. 지금은 한 사람이지만, 잘 하면 어느 한 순간 6만2500명의 고객을 확보할 수 있기 때문이다.

2. 끌어당길 인(引)

누구나 자신의 매력을 갖고 있다. 보험 세일즈에서 성공하기 위해 갖춰야 할 것이 '매력'이다. 컨설턴트의 매력은 고객의 공감을 얻을 수 있는 것이고, 고객의 Need와 Want를 충족시킬 수 있는 컨설팅 활동을 지속하게 만든다는데 있다.

일반적으로 매력이라고 하면 외모나, 적극적이고 활동적인 외향적

성격으로만 생각한다. 보험 세일즈를 시작도 하기도 전에 '나는 나이가 많아서!', '나는 내성적이라!', '나는 누구에게 말하는 것이 두려워서!', '나는 낯선 사람 만나는 것이 두려워서!'라는 생각으로 겁을 먹는다. 하지만 이런 것은 객관적이지 않은 장애물에 불과하다. 그 장애물을 두려움으로 받아들이는 것에서 문제가 생긴다. 두려움에 쫓기는 허기진 인생보다 있는 그대로의 나를 누리는 삶이 더 많이 행복하다. 지금 가지고 있는 그대로의 매력으로 시작하면 더 많이 행복하고 더 많은 경제적 풍요를 불러올 수 있다.

3. 참을 인(忍)

보험회사 입문교육을 진행하다 보면 중도에 교육을 중단하는 교육생들을 종종 본다. 조금만 더 기다리고, 적극적으로 교육에 참여한다면 그 시기를 극복할 수 있을 텐데 아쉬웠던 적이 많다.

인내(忍耐)를 〈In耐〉로 보자. 외부적이고 환경적인 요인보다는 자신의 마음(In)속으로 견딜(耐) 수 있는 능력으로 봐야 한다. 마음에서 일어나는 부정적인 시나리오를 극복하는 긍정적인 프레임으로 보자는 것이다. 한계 상황에서 종종 '나는 인내심이 부족해!'라고 자조하는 이들이 많다. 하지만 인내심은 누구나 가지고 있다. 지금 살아 있다면 그것 자체가 인내심이 있다는 증거이다. 과거의 숱한 고비를 인내하며 극복한 결과가 바로 지금 살아있는 것이다.

베토벤은 말한다. "훌륭한 인간의 특징은 불행하고 쓰라린 환경에서도 끈기 있게 참고 견디는 것이다."라고.

　아는 사람이 없어서, 아는 게 없어서, 아쉬운 소리를 못해서 보험 세일즈 시작을 주저하고 있다면 지금 자신이 가진 것을 확인하고 시작해보자. 누구나 가지고 있는 3인, [人]지금 알고 있는 사람, [引]끌어당기는 인간적인 매력, [忍]상황을 참을 수 있는 인내력을 챙기며 성공의 길로 나서보자.

　보험 세일즈! 〈3인〉이면 족하다.

☞ **信의 한 수 ㅣ 당신의 You(唯)Tory 만들기**

　당신이 생각하는 당신의 매력 포인트는 무엇인가?

　1 ＿＿＿＿＿＿　　2 ＿＿＿＿＿＿　　3 ＿＿＿＿＿＿

　4 ＿＿＿＿＿＿　　5 ＿＿＿＿＿＿　　6 ＿＿＿＿＿＿

　7 ＿＿＿＿＿＿　　8 ＿＿＿＿＿＿　　9 ＿＿＿＿＿＿

타(他)

타인이 인정한다

Life Model 컨설턴트

널리 배우고 자세히 물으며, 깊이 생각하고 분명히 분별하며 꾸준히 실천하라.

여기에 학문의 길이 있다.

- 주자

매년 2월이면 각 학교는 졸업식을 하고 입학식을 준비한다. 마음을 다해 준비한 꽃다발을 들고 졸업식과 입학식을 찾아가면 '졸업은 끝이 아닌 시작이며, 입학은 새로움의 시작'이라는 말을 듣게 된다. 시작이라는 말은 '새로운'이라는 말이 잘 어울린다. 새로운 시작에는 늘 '학습'이 뒤따른다. 새로운 학교, 새로운 친구, 새로운 환경에서 새로운 학습을 통해 적응하고 성장하는 것이다.

보험 컨설턴트라는 직업을 시작하려는 사람들도 마찬가지다. 새로운 환경과 학습을 통해 자신의 성장과 희망을 키우게 된다. 컨설턴트라는 직업은 학습을 통해 성장과 희망을 만들고 그것으로 고객과 공유하는 일이다. 그래서 학습하는 컨설턴트의 일상적인 모습은 고객의 Life Model로서 고객이 행복한 인생 여정을 가도록 조력자 역할을 수행해야 한다. 그러려면 컨설턴트 스스로 새로운 학습에 대한 열정을 발휘해야 한다. 학습으로 자기주도성, 전문성, 목적성을 갖춘 컨설턴트가 되어야 한다.

미국 심리학자 수전 보빗 놀런(Susan Bobbitt Nolen)은 학생들을 상대로 "언제 스스로 대견한가?"라는 질문을 통해 학생들의 유형을 조사했다. 조사 결과는 다음과 같았다.

첫째는 과제 지향적, 심층적 학습자 유형이다. 그들은 새로운 아이디어가 떠오를 때, 더 배우고 싶은 학습의욕이 느껴질 때 자부심을 느낀다. 그들은 배움 자체를 좋아하고 굳이 다른 사람이 시키지 않아도 훨씬 더 깊이 있는 접근법을 취했으며, 글의 요지를 찾고 가장 중요한 정보를 선별했다. 새로 접한 정보가 자신의 지식과 일치하는지 모순되는지 깊이 사고하고, 자신이 그 내용을 얼마나 잘 이해하고 있는지 끊임없이 자문했다. 이해력, 비판적 사고, 창의성, 융통성 있는 전문지식으로 이어졌다.

둘째는 자아 지향적, 전략적 학습자 유형이다. 그들은 남들보다 높은 점수를 받아서 내가 똑똑하다는 걸 보여 줄 때 가장 자부심을 느낀다. 그들은 피상적 전략을 자주 사용하고, 대체로 읽고 또 읽으며 새로운 단어를 외우는 암기에만 힘썼다.

셋째는 학습기피 유형이다. 피상적 학습자들로 과제에서 벗어났을 때, 공부가 수월할 때, 힘들게 공부하지 않아도 될 때 기분이 제일 좋다고 답했다. 그들은 자아 지향적인 학생들과 거의 같은 전략을 활용한다. 이들은 진정한 의미의 이해도 어떤 혁신적인 창조도 하지 못했다.

컨설턴트는 과제 지향적, 심층적 학습자의 자세를 견지해야 한다.

보험 세일즈는 창의적인 아이디어와 학습 의욕이 필요한 직업이기 때문이다.

　유대인들은 장소를 불문하고 탈무드를 펴고 토론을 하면서, 자신만의 방식으로 진실을 탐구하는 능력을 배양한다. 아버지는 아이들과 함께 토라와 탈무드를 공부하는데 일방적으로 강요하지 않는다. 토라는 히브리어로 '가르침'을 뜻한다. 모세가 쓴 5개의 책으로 구성된 토라는 유대교의 인생지침서라 할 수 있다. 『공부하는 유대인』의 저자 힐 마골린은 "역사적으로 오랜 핍박을 받아온 유대인에게 아버지는 존경받고 신뢰할 수 있는 존재다. 유대인 아이들은 텔레비전이 아닌 책을 보는 아버지의 모습을 통해 자연스럽게 존경심과 신뢰감을 형성한다."고 했다.

　유대인 아버지와 아이들 간의 학습 문화와 학습 열정은 컨설턴트에게 시사하는 바가 크다. 컨설턴트도 새로운 학습에 대한 열정을 고객과 함께 나눌 수 있다면 고객으로부터 존경받고 신뢰받는 사람이 될 수 있다. 바로 Life Model로서 컨설턴트가 되는 것이다.

　일본 파나소닉의 창립자 마쓰시다 고노스케 회장은 성공비결을 다음과 같이 말했다.

　"제가 성공할 수 있었던 것은 세 가지 하늘의 은혜가 있었기 때문입니다. 첫째는 가난하게 태어난 것이고, 둘째는 몸이 약하게 태어난 것이고 셋째는 배우지 못한 것이다. 가난하게 태어났기 때문에 부지런

하게 일하는 성실함을 배웠고, 몸이 천성적으로 약했기 때문에 꾸준히 운동하여 건강을 얻었으며, 학교 교육을 제대로 받지 못했기 때문에 모든 사람을 스승으로 삼고 열심히 묻고 배울 수 있었습니다."

열악한 성장환경을 극복하고 성공할 수 있었던 '경영의 신'다운 답변이다. 마쓰시다의 성공에는 모든 사람들로부터 배우고자 하는 학습 의욕이 큰 역할을 했다는 것을 알 수 있다.

공자는 세 살 때 아버지를, 스물네 살 때는 어머니마저 잃고 홀로 힘들게 살았다. 하지만 그는 자신의 삶에 대해 실망과 원망을 하지 않았다. 오히려 '어떻게 하면 어려움을 극복할 수 있을까?'를 고민하여 '배움'이라는 길을 찾아냈다. 공자는 "배움이야말로 나 자신을 만드는 가장 중요한 일"이라고 생각했다.

어느 날 제자가 물었다.

"스승님은 어떻게 그렇게 많은 것을 아십니까?"

"오소야천 고 다능비사(吾少也賤 故 多能鄙事), 즉 나는 어려서부터 천하게 살았기 때문에 많은 것을 할 수 있는 능력을 가졌다."

가난하고 힘들게 살았던 어린 시절 덕분에 오히려 깊고 넓게 배울 수 있었고 큰 능력을 갖게 되었다는 것이다.

보험 세일즈 시작을 어렵게 생각하는 사람은 먼저 보험 판매를 생각하는 것보다 보험 관련 교육에 참석하여 배워야 한다. 보험 관련 교육과 배움은 보험 세일즈의 가능성을 확장 시키는 가장 좋은 재료다. 그 배움이 고객의 Life Model이 되는 초석이 된다.

보험컨설팅은 보험, 금융, 세금, 인문학 등이 융합된 복합화 역량을 필요로 한다. 컨설턴트의 배움은 배우는 것으로 끝나지 않고 고객에게 큰 영향을 미치기 때문이다. 학습 능력이 곧 컨설팅 능력이라고 해도 과언이 아니다. 고객의 Life Model로서 컨설턴트가 되려면 다음과 같은 3박자를 갖추어야 한다.

※ 라이프 모델의 3박자

1. 자기 주도성

자기주도성이 강한 컨설턴트는 자신의 결정에 대하여 강한 책임감을 갖고 활동하기에 자신의 활동에 대해 스스로를 성찰하고 학습하는 등 더 많은 열정을 쏟는다.

보험 세일즈를 시작하는 것은 교육 받기를 시작했다는 것과 같다. 회사에서 주관하는 입문교육을 필수적으로 수료해야 한다. 입문교육은 스스로 자기주도성을 확인할 수 있는 최적의 시간이다. 교육에 임하는 자세, 동료들과의 관계, 비전 수립, 고객의 선택, 컨설팅 포인트, 활동 방법, 상품의 결정 등 스스로 선택하고 만들어 가야 한다. 입문교육 기간 중 형성된 자기주도성이 실제 성과에 긍정적인 상관관계를 맺는다.

2. 전문성

세일즈와 관련한 직종 중에 국가 주관의 시험에 응시하고 합격한 자에 한하여 자격증을 지급하는 것은 대단히 드문 경우다. 그만큼 보험과 보험 세일즈에 대한 전문성을 국가에서 강조하고 인정한다는 의미다. 시험문제 출제범위는 생명보험에 관한 기초지식과 보험모집 관련 법규 및 실무, 생명보험약관 및 일반교양과 관련한 내용이다. 합격기준은 생명보험시험(30문제), 합격자는 100점 만점으로 60점 이상을 득점한 자로 하며 생명보험, 제3보험(30문제) 각각 별도로 합격 처리된다. 최근 들어 보험설계사 자격시험의 난이도가 설계사 전문성 강화 및 소비자 보호를 목표로 상향 조정될 것으로 전망된다. 컨설턴트 활동을 시작하기 위해서는 보험설계사 자격시험을 합격해야만 한다.

영국 보험설계사 토니 고든은 "앞으로 컨설턴트들은 상품을 소개하는 것뿐 아니라 고객의 전반적인 재무 상태를 진단하고 이에 대한 해결책을 제시하는 등 영역을 넓혀야 한다."고 강조한다. 영국을 비롯한 유럽 선진국의 보험업계는 이미 이 같은 방향으로 변하고 있다고 말한다. 그러면서 "컨설턴트들이 세일즈뿐 아니라 금융시장과 자산에 대한 지식을 넓히는 걸 고민해야 한다."고 강조한다.

전문성 강화 트렌드는 고객 중심의 맞춤 설계와 행복한 재정안정설계를 요구하는 고객의 마음과 컨설턴트의 전문성을 요구하는 시장의 추세이다. 이젠 컨설턴트가 자발적인 노력으로 '보험주치의' 역할을 수행할 수 있어야 한다.

업그레이드된 전문성과 열정에 기반을 둔 노력, 그리고 도전은 직업에 대한 몰입을 극대화할 수 있다. 그 몰입은 직업만족도 향상으로 이어진다. 끊임없는 자기계발의 열정과 노력은 고객의 Life Model이 되기 위한 필수 행동이다.

3. 목적성

"왜 보험 세일즈를 하십니까?"

강의 중에 이런 질문을 던지면 뻔한 답을 하는 이들이 많다.

"돈 벌려고요!"

필자도 공감한다. 직업을 갖는 일차적인 이유가 경제적인 것이다. 일한다는 것은 목표와 목적의 균형 잡힌 활동으로 이뤄져야 한다. 서울에서 부산을 가야 한다면 부산이 목표인데, 목표만을 향해 가다 보면 많은 고난으로 목표를 상실하거나 방황하는 경우가 발생하고 중간에 포기해 버리기도 한다. 이때 다시 일어나서 새 출발하게 만드는 원동력이 목적이다. 즉 가야 할 이유(Why)를 말한다. 보험 세일즈를 왜(Why?) 하는지 생각하는 것은 목적을 분명히 하고 목표를 이뤄가는 과정에서 중요한 질문이다. 돈 버는 것은 목표가 되어야지 목적이 되어서는 안 된다.

"돈 빼고 생각하세요!"

필자가 강조하는 말이다. 먼저 이렇게 생각해야 보험 세일즈를 하는 목적을 좀 더 쉽고 다양하게 발견할 수 있다. 예를 들어 "내가 하는 일은 누군가에게 도움이 되는 일이다. 나는 고객에게 선한 영향력을 주기 위해 생각하고 활동한다. 나는 세상을 좋게 바꾸는 데 조금이나마 보탬이 될 수 있는 일을 한다."는 등의 목적을 바로 잡을 수 있다.

목적이 명확하고 명료하면 자신의 일을 즐길 수 있고 즐기면서 일하기에 고객에게 선한 영향력을 행사할 수 있다. 컨설턴트로서 목적을 밝힌 삶은 그 자체로 Life Model이 되기에 충분하다.

슬라보예 지젝은 "사람들이 자신의 일에서 본질적 의미를 발견할 때 최적의 성과를 달성할 수 있다"고 했다. 보험 세일즈는 고객의 Life Model이 되고 고객으로부터 인정받을 수 있는 컨설턴트가 되어야 한다. 당신은 Life Model이다.

☞ **信의 한 수 | 미래의 명함 만들기**
당신이 이름 석 자와 직업이 들어간 미래 명함을 한번 만들어보자.

Life Partner 컨설턴트

한 사람의 아버지가 백 사람의 선생보다 낫다.

- 조지 허버트

지금은 원하기만 하면 SNS로 수많은 사람들과 언제든 연결할 수 있는데도 외롭다고 한다. 일상에서 느끼는 외로움도 힘들지만 원치 않은 일이 닥치면 더 힘들어한다. 갑자기 아파서 병원에 입원하거나 누군가 사망했을 때나 도움을 부탁할 사람이 없을 때 느끼는 외로움은 이루 말할 수 없는 큰 고통이다. 이럴 때 힘이 되어주는 사람이 진짜 친구일 것이다.

이럴 때 진짜 친구가 바로 컨설턴트다. 생로병사(生老病死)의 현장에서 항상(Always) 곁에서 위로가 되고, 그런 필연적인 사건을 통해 의미(Meaning)를 찾아주는 사람이 바로 컨설턴트가 아니던가?

인생은 영어 Life로 쉽게 풀 수 있지 않을까?

Life=Live+if+End.

삶(Live)과 인생의 끝, 죽음(End) 사이에는 만약이라는 'if'가 항상 잠재되어 있다. 긍정적으로 해석하면 "내가 만약 부자라면? 내가 만약 대학시절로 돌아갈 수 있다면? 내가 만약 건강을 되찾을 수 있다면?" 이라고 행복한 가능성을 상상할 수 있다. 여기에는 "내가 만약 죽는 다면? 내가 만약 병에 걸린다면?"이라는 상상조차 하기 싫은 일도 포함되어 있다. 프랑스 철학자 '장 폴 사르트르'는 인생을 BCD로 표현했다. 태어나서(Birth) 죽는(Death) 순간까지 끊임없이 선택(Choice)하며 사는 것이 인생이라는 것이다. 선택이라는 자유의지를 통해서 만약(if)을 긍정적으로 만들 수 있다는 말이다.

생로병사(生老病死)는 우리가 선택할 수 있는 영역이 아니다. 하지만 누군가의 도움과 조력을 받거나 스스로 긍정적인 의미를 부여할 수 있다면 생로병사는 얼마든지 긍정적인 의미로 해석할 수 있다.

어느 소방관의 기도

신이시여,
제가 부름을 받을 때에는
아무리 뜨거운 화염 속에서도
한 생명을 구할 수 있는 힘을 주소서.
너무 늦기 전에
어린아이를 감싸 안을 수 있게 하시고
공포에 떠는

노인을 구하게 하소서.

언제나 집중하여

가냘픈 외침까지도 들을 수 있게 하시고,

빠르고 효율적으로

화재를 진압하게 하소서.

저의 임무를 충실히 수행케 하시고

제가 최선을 다할 수 있게 하시어,

이웃의 생명과 재산을 보호하게 하소서.

그리고 신의 뜻에 따라

제 목숨이 다하게 되거든,

당신의 은총으로

제 아내와 아이들을 돌보아주소서.

스모키 린(A.W. Smokey Linn)이라는 미국 소방관은 아파트 화재 현장에서 어린이 세 명의 생존을 확인했으나 건물 안전장치 때문에 구출하지 못한 일을 겪었다. 그는 심한 자책감에 시달리면서 1958년에 이 시를 썼다. 현재는 미국뿐만 아니라 전 세계 소방관들의 복무 신조나 다름없이 쓰이고 있다.

2001년 3월 홍제동 화재로 순직했던 故 김철홍 소방관의 책상에도 이 시가 놓여 있었다.

"이젠 재미보다 의미를 찾아야 한다."

빅터 프랭클(Viktor Frankl)은 제2차 세계대전 시절 죽음의 수용소라고 불린 아우슈비츠에서 유대인 대학살의 공포를 견뎌내고 생존한 오스트리아 정신과 의사다. 그는 죽음의 수용소에서의 극한 고통을 이겨낼 수 있었던 힘을 정리하여 1945년 『죽음의 수용소』라는 책에서 의미를 찾음으로써 고통을 이겨내고 상처를 치유하는 심리치료방법인 '로고테라피(Logos+Therapy)', 기초를 제시했다. 인간의 주된 관심이 쾌락을 얻거나 고통을 피하는 데에 있는 것이 아니라 삶에서 어떤 의미를 찾는 데에 있다는 의미치료의 기본 신조 중 하나다. 시련에 대해 스스로 어떤 의미를 갖게 된다면 인간은 기꺼이 그 시련을 극복할 수 있는 것도 바로 '로고테라피'가 있기 때문이다.

지금의 상황이나 환경이 고통스럽다면 스스로 삶의 의미를 찾기 위한 적극적인 노력과 함께 누군가의 도움을 받음으로써 충분히 극복할 수 있다. 그 파트너가 바로 보험 컨설턴트다.

보험 세일즈는 고객에게 생로병사(生老病死)의 긍정적 의미를 부여하고 인생을 미리 준비할 수 있는 방법을 컨설팅하는 사업이다. 누구나 필연적으로 만나는 인생의 'if'에 대비할 수 있도록 고객의 니즈(Needs)와 요구(Wants)를 환기시키는 열정의 소유자가 바로 컨설턴트다.

컨설턴트는 가족사랑 컨설팅을 통해 고객의 라이프 파트너 역할을 해야 한다. 컨설턴트는 항상(Always), 곁에서 위로가 되고, 그런 우연한 일을 통해 의미(Meaning)를 찾아 주는 친구가 되어야 한다.

인생의 외나무다리에서 만약(If) '아프다면' '늙는다면' '죽는다면'이라는 불청객이 갑작스럽게 찾아온다면 두려운 상황을 외롭게 해결할 수밖에 없을 것이다. 이때 조력자와 함께 두려운 상황을 풀어간다면 외롭지 않게 해결할 수 있고 극복할 수 있다. 더욱이 두려운 상황을 극복할 수 있도록 미리 대비하게 하는 안내를 받을 수 있다면 두려운 상황은 더 커지지 않을 것이다. 고객이 두려워하는 만약(If)의 상황을 슬기롭게 극복할 수 있도록 미리 대비하게 하는 조력자, 라이프 파트너가 컨설턴트다.

항상(Always)을 "예측할 수 없을 때 임에도 불구하고"라고 생각할 수 있다. 예측할 수 없는 것이 인생이기에 늘 곁에서 도움을 주고받을 수 있는 친구가 있으면 좋겠다는 생각은 누구나 갖는 절실함이다. 그런 친구 같고 가족 같은 마음으로 항상 마음을 다한 보험사의 보험금 지급 사례는 마음을 따듯하게 한다.

"2002년 퇴근길 교통사고와 6년간의 투병 끝에 사망한 아버지. 아버지의 사고가 없었다면 더없이 행복했겠지만 피할 수 없는 운명 앞에 나약할 수밖에 없었던 가족에게 더 쓰러지지 않게 손을 내밀어준 보험. 보험이 가족의 버팀목이 되어주었다. 더 감사하는 일은 어머니에게는 동생처럼, 우리 자매들에겐 이모 같은 정겨움으로 대해주었던 담당 컨설턴트의 따뜻한 마음은 가족에게 큰 힘이 되었다. 입덧이 심했던 임신 기간 내내 친정어머니와도 같은 사랑을 쏟아 주었고 어머니를 대신해 포항에서 경주까지 손수 과일까지 챙겨 오셔서 힘내라고 격려해 주었다.”

사례에서 고객은 컨설턴트의 따뜻한 마음을 '또 하나의 가족'이라고 했다. 항상(Always), 또 하나의 가족처럼 인생의 희로애락을 함께할 수 있는 라이프 파트너가 바로 컨설턴트라는 직업이다.

인생에서 가장 큰 두 가지 위험은 너무 일찍 사망하는 것과 대책 없이 오래 사는 것이다. 두 가지 위험보다 더 위험한 것은 남겨진 가족이 짊어져야 할 짐이다.

필자는 남겨질 가족을 생각할 때면 항상 양 끝에 사랑과 책임으로 '균형 잡힌 저울'이 생각난다. 경제적인 유산 없이 사랑만 남겨 둔다면 책임을 다하지 못한 것이고, 평상시 사랑 없이 경제적인 유산만 남긴다면 그것도 슬픈 일이다. 살아 있을 때 사랑과 사후 책임을 균형 잡을 수 있어야 그 삶이 의미 있는 것이라고 할 수 있다. 사랑과 책임이 균형 잡힌 저울을 만들기 위해 무엇인가를 하는 것이 인생에서 가장 의미 있는 일일 것이다.

따라서 컨설턴트는 고객이 평상시에 사랑을 적극적으로 표현하고, 할 수 있도록 도움을 줄 수 있어야 한다. 사랑의 표현이 전제된 책임감으로 보험을 가입하는 것이 고객이고, 사랑과 책임을 균형 잡을 수 있도록 고객의 입장에서 컨설팅 하는 파트너는 바로 컨설턴트다.

컨설팅이란 현재의 모습(Is)을 원하는 것(Should)과 비교하여 부족한 것을 채울 수 있도록 최적의 솔루션을 제공하는 과정이다. 그것도 강요가 아닌 공감을 전달하는 일이다. 그리고 컨설팅은 더 나은 미래를 위한 열정이라고 할 수 있다. 그런 의미에서 컨설팅(Consulting)은 3C의 합, 즉 현재의 편안한 상태(Comfort)가 지속(Continue)될 수 있도록 현명한 선택(Choice)을 할 수 있게 돕는 것이다. 컨설턴트는 고객이 지금의 편안한 생활을 유지하고 지금보다 더 나은 내일을 꿈꿀 수 있도록 지원해야 한다. 그리고 가족 사랑을 중심에 두고 선택할 때 용기를 줄 수 있어야 한다.

컨설턴트는 고객이 필연적으로 만날 수밖에 없는 만약(If)의 상황에서도 항상(Always)곁에서 위로가 되어야 한다. 예기치 못한 불행한 일에서도 의미(Meaning)를 찾을 수 있도록 3C(Comfort+Continue+Choice)로 컨설팅해야 한다. 가족사랑 컨설팅을 통하여 고객은 지금보다 더 나은 삶을 꿈꿀 수 있고 고객으로부터 감동을 선물 받을 수 있다.

☞ 信의 한 수 | 나의 Always는?

당신이 어려울 때 항상 곁에 있어줄 사람은?

1 _____ 2 _____ 3 _____

4 _____ 5 _____ 6 _____

7 _____ 8 _____ 9 _____

Lesson 3

Life Practitioner 컨설턴트

사랑하고 사랑 받는 것은 양 쪽에서 태양을 느끼는 것이다.

- 데이비드 비스코트

가장이 불의의 사고로 사망한 가족의 슬픈 기사를 접할 때마다 나를 대신해서 가족의 행복을 유지해 줄 수 있는 안정장치가 있어야 좋겠다는 생각을 한다. 보험이라도 들어놓는 것이 가족을 위한 최선의 안전장치라는 생각을 지울 수 없다. '작은 사랑의 행동'은 바로 이렇게 사소한 것에 있기 때문이다.

이처럼 소소한 '사랑의 행동'을 실천할 수 있도록 작은 것에서 큰 것까지 모든 것을 컨설팅하는 사람이 컨설턴트다. 그래서 컨설턴트는 고객의 행동하는 사랑을 적극적으로 도와주고 컨설팅하는 실천가(Life Practitioner)라고 한다.

성공적인 벤처기업 운영으로 20대 후반에 이미 백만장자가 된 미국의 한 변호사는 사업이 지속적으로 번창하여 재산이 감당할 수 없을 정도로 불어났다. 그런데 아내가 갑자기 별거를 요구했다.

"돈만 추구하는 의미 없는 삶을 계속 살 수 없다."

그는 아내의 불만을 이해할 수 없었다. 아내를 극진히 사랑했기에 가정의 위기를 극복하고 의미 있는 삶을 살기 위해 전 재산을 가난한 사람들에게 내놓았다. 그리고 가난한 무주택 서민들을 위하여 1976년부터 집짓기 운동을 시작했다. 해비타트(Habitat for Humanity) 운동의 창설자인 밀러드 풀러(Millard Fuller)의 이야기다.

전 미국대통령 지미 카터는 퇴임 후 평화의 메신저로 변신하여 국민들로부터 칭송을 얻었다. 1984년 뉴욕을 지나던 그는 자원봉사자들이 가난한 사람들의 집을 짓고 있는 모습에 감동했고 해비타트 운동에 적극 참여했다.

국제 해비타트는 1984년 이래 매년 지미 카터 전 미국대통령을 자원봉사단장으로 하는 'Jimmy Carter Work Project'라는 대규모 단기 건축 프로젝트를 진행해 오고 있다.

우리나라도 1994년 경기도 양주에 3세대를 지은 것을 시작으로 2001년 지미 카터 특별건축사업이 진행되어 널리 알려졌다.

'국경없는 의사회'는 국제인도주의 의료구호단체다. 의료 자원의 부족, 무력 분쟁, 전염병, 자연재해 등으로 인해 생존의 위협에 처한 사람들을 위해 긴급구호 활동을 펼치고 있다. 1971년 출범한 이후로 인도주의 의료 활동을 인정받아 1996년에는 서울평화상을, 1999년에는 노벨평화상을 받았다. 전 세계 28개국에 있는 사무소 중 한국 사무소는 2012년에 개소하였으며 2018년 기준 한국사무소 소속 의료진, 비의료진 한국인 활동가 23명이 '국경없는의사회' 구호 현장에서 일했다.

활동가 숫자는 4만 명이 넘고, 직업은 의사, 간호사, 물류 전문가, 행정 담당자, 전염병학자, 정신 건강 전문가까지 다양하다.

아프리카에서 가장 오지로 불리는 수단의 남부 톤즈는 장기간에 걸친 내전으로 폐허가 된 지역이며 황폐화된 지역이다. 故 이태석 신부는 톤즈에서 선교활동과 더불어 말라리아, 콜레라로 죽어가는 주민들과 나병환자의 치료를 위해 흙담을 쌓고 짚풀로 지붕을 엮어 병원을 세웠다. 오염된 톤즈 강물을 마시고 매번 콜레라가 창궐하는 것을 보고 우물을 파서 식수난을 해결하였으며 농경지 개발, 학교 건립 등 다양한 사랑의 활동을 계속했다.

음악을 좋아했던 그는 음악이 전쟁으로 상처받은 원주민의 치료에 도움이 된다는 사실을 알고 브라스 밴드를 만들었다. 밴드는 수단에서 유명세를 타고 정부행사에도 초청되어 연주를 했다. 그의 이야기는 자전 에세이 『내 친구가 되어 주실래요』와 영화 『울지마 톤즈』에 소개되어 많은 이에게 감동을 주었다. 2018년 남수단 정부는 그의 일대기를 초중등 교과서에 수록하였다.

2020년에는 그의 남수단 제자 존 마엔 루벤이 대한민국 의사시험에 합격했다는 소식이 들렸다. 이태석 신부는 사랑의 마음을 행동으로 실천하여 사랑의 결실을 맺었고, 그 결실이 또 다른 기적을 만드는 모습을 우리에게 보여주었다.

사랑의 마음이 전하는 느낌을 통해 삶의 변화를 만드는 것은 중요하지만, 사랑을 행동으로 옮겨 결실을 맺는 것은 더 의미 있는 일이다.

보험 세일즈는 사랑을 행동으로 옮길 수 있도록 도와주고 결실을 맺도록 컨설팅하는 의미 있는 일이다. 컨설턴트는 고객의 삶을 변화시키는 실천가다. 컨설턴트는 Life Practitioner로서 다음과 같은 것을 갖춰야 한다.

※ 컨설턴트의 3요소

1. 진정성

진정성(Authentic)은 '거짓이 없다'는 의미다. 자신이 추구하는 가치와 본래 모습에 부합된 삶을 살고 있을 때 느껴지는 정서적 진실함이다. 자기 정체성에 대한 확고한 인식이며 이를 바탕으로 이와 합치된 삶을 살아가고자 하는 노력을 의미한다. 컨설턴트는 진정성을 근간으로 고객에게 최적의 상품을 가이드해야 한다. 그러려면 세 가지를 챙겨야 한다.

첫째, 고객 입장에서 컨설팅해야 한다. 목표 달성이 고객 행복에 맞춰져 있지 않고 컨설턴트의 성과 중심에 있다면 결국 고객 불만족으로 이어진다. 어떤 상황과 과정에서도 고객의 입장에서 컨설팅이 진행되어야 한다. 둘째, 고객의 미래 관점에서 컨설팅해야 한다. 보험에 가입하는 것은 지금 당장 경제적인 지출이 발생하기에 고객은 미루려고 한다. 따라서 현재 행복이 미래에도 유지될 수 있도록 만드는 것이라 미래의 관점에서 컨설팅해야 한다.

셋째, 어떤 일이 있어도 고객 행복이 이어지도록 컨설팅해야 한다. 잘못된 컨설팅은 고객이 예기치 못한 불행이 닥쳤을 때 힘이 될 수 없다. 현재 행복이 유지될 수 있는 기준으로 컨설팅을 해야 한다.

빛을 전파하는 방법에는 두 가지가 있다. 하나는 촛불이 되는 것이고 다른 하나는 초를 비추는 거울이 되는 것이다. 보험의 빛과 거울이 되는 방법은 컨설턴트 자신이 보험을 사랑하고 고객에게 보험을 사랑하도록 당당하게 말할 수 있어야 한다. "나는 보험이 좋고 고객에게 당당하게 좋다"고 할 수 있는 것이 컨설팅의 진정성이다.

2. 적극성

고객은 보험이 지금, 당장, 꼭 필요한 상품이 아니라는 인식이 강하다. 경제적인 지출로 보면 지금, 당장, 꼭 필요한 다른 항목들이 많기 때문이다. 따라서 컨설턴트는 고객의 우선순위를 조정하여 보험을 항상 상위에 둘 수 있도록 안내할 수 있는 환경을 조성해야 한다. 그 때 강조하는 것이 바로 "지! 당! 꼭!" 세 박자다.

보험 세일즈는 거절이나 계약 연기에서부터 시작된다고 해도 과언이 아니다. 이럴수록 적극적으로 설명해야 한다. 고객은 불행을 현실로 맞이할 때 왜 보험을 가입하지 않았는지 후회하고, 컨설턴트는 왜 그때 좀 더 강하게 설명하지 않았는지 후회할 때가 많다. 고객이 후회하고 컨설턴트가 후회할 수 있는 상황을 사전에 막기 위해서는 좀 더 적극성을 띄는 것이 중요하다.

컨설턴트의 적극성은 고객이 사랑의 행동을 실천으로 옮길 수 있도록 만드는 원동력이다. 적극성은 고객이 우선순위를 바뀌게 만든다.

3. 긍정성

긍정성은 생각과 마음을 열어 수용적이며 창의적으로 변하게 하여 더 나은 모습을 만든다. 긍정성의 구체적인 항목으로는 기쁨, 감사, 평온, 흥미, 희망, 자부심, 재미, 영감, 경이, 사랑이 있다. 이 10가지 긍정성의 항목을 보험 컨설팅, 보험 세일즈 과정과 결과에 적용해보면 자신의 긍정성을 체크할 수 있다. 보험 세일즈를 준비하는 사람도 10가지 긍정성 항목 별로 자신의 지금 감정을 체크해 본다면 좀 더 즐겁게 시작할 수 있다.

긍정(肯定)이란 단어의 긍(肯)의 肯자는 '즐길 긍'이다. 자신이 정한 것(定)을 즐기는 것(肯)이 긍정임을 알 수 있다. 보험 세일즈 과정에서 만나는 모든 상황을 즐기는 것이다. 천재는 노력하는 사람을 이길 수 없고 노력하는 사람은 즐기는 사람을 이길 수 없다. 보험 세일즈 자체를 긍정이든 부정이든 즐기는 자세를 취하면 당신은 성공이란 행복을 얻을 수 있다.

컨설턴트는 행동하는 사랑을 실천할 수 있도록 도움을 주는 Life Practitioner로서 의미 있는 직업이다. 아울러 진정성과 적극성, 그리고 긍정성 등 3박자로 성장한다. 보험 세일즈 시작을 고민하는 것은 성공과 실패, 긍정과 부정, 도전과 좌절, 지금과 미래가 다투고 있는 상황을 말한다. 이때 성공, 긍정, 도전, 지금에 충분한 영양분을 공급하는 Life Practitioner로서 컨설턴트를 생각해보자. 그러면 당신은 진정으로 위대한 선택을 할 수 있다.

Lesson 4

경청하고 질문하라

듣는 일이 중요하기 때문에 신은 우리에게 귀는 두 개,

입은 하나를 주신 것이다.

- 메리 케이

삶의 진정한 목적은 행복이다. 사람은 인간관계를 통해 행복에 이른다. 그래서 행복하려면 원만한 인간관계를 맺어야 한다.

행복한 보험 세일즈도 고객과 원만한 인간관계를 만들고 유지하며 성장시킬 수 있어야 한다. 그래서 컨설턴트를 '관계의 예술가'라고 하며 고객과의 관계 형성을 통하여 가족사랑에 대한 공감을 만들어가는 '조각가'라고 한다.

고객과 관계 형성을 잘 하려면 어떻게 듣고, 어떻게 질문할 것인지를 챙겨야 한다. 컨설턴트는 고객의 마음을 읽기 위하여 잘 듣고, 고객의 문제를 확인하기 위해 질문하는 사업가라 해도 과언이 아니다. 잘 듣고 효율적인 질문을 함으로써 고객으로부터 인정이라는 축복을 선물 받는 사업이다.

회사생활을 똑같이 시작해도 시간이 지날수록 개인의 역량 차이는

크게 날 수밖에 없는 게 현실이다. 어느 조직이나 인정받는 사람은 세 가지 조건을 만족시키고 있다. 첫째는 전문 분야에서 차별화된 역량, 둘째는 어떤 난관을 만나더라도 식지 않는 열정, 셋째는 누구와도 함께할 수 있는 소통과 협업 능력이 그것이다.

소통을 잘하면 조직 내 갈등을 사전에 예방할 수 있으며, 합리적으로 의사 결정할 수 있고 조직을 통솔하고 사기를 높일 수 있다.

경청은 상대방에 대한 존경의 욕구를 넘어 자아실현 욕구를 충족시켜 주는 높은 단계의 기술이다. 유대인 교사는 "상대의 말을 잘 들어주는 것, 그것은 하나의 예술"이라고 했다.

적극적 경청 방법에는 고객이 한 말을 반복적으로 하는 것이 있다. 요약을 통해서 고객의 말이 사실인지, 왜곡된 생각의 표현인지, 아니면 느낌일 뿐인지 대화의 중간에 확인하는 것이다. "~의 감정이겠습니다"라며 고객의 감정을 파악하고 기분을 알아주는 것이다.

아울러 잘 들어 주는 것만큼 잘 듣고 있다는 증거를 고객에게 표현하는 것도 중요하다. 경청의 '증거기법'이라고 하는데, 고객의 말에 대해 "~라는 뜻인가요? 고객님은 ~라고 느끼고 계시는군요. 고객님은 ~라고 생각하고 있는 것 같군요."라고 반응하는 방법이다. 몸을 고객에게 기울이거나 시선을 맞추고, 시의적절하게 고개를 끄덕이는 비언어적인 방법의 경청도 좋은 방법이다.

질문은 사방이 꽉 막힌 문을 여는 알리바바의 주문과도 같다. 현대

경영학의 아버지인 피터 드러커는 "컨설턴트로서 나의 가장 큰 강점은 아는 척하지 않고 이런저런 질문을 하는 것"이라고 했다. 1981년, 마흔여섯 살에 GE의 CEO가 된 잭 웰치는 피터 드러커에게 이익은 나지 않고 버리기에 아까운 사업들에 대한 조언을 구했다. 그 때도 피터 드러커는 답이 아닌 질문을 활용했다.

"만약 당신이 옛날부터 그 사업을 안 하고 있었다고 합시다. 그렇다면 지금 굳이 그 사업을 새로 시작하겠어요? 만약 아니라면 그 사업은 어떻게 하는 게 좋을까?"

피터 드러커의 질문에 대한 응답으로 잭 웰치는 리엔지니어링 기법을 회사에 적용하여 선택과 집중할 수 있는 사업을 시행했고, 큰 성공을 거두었다.

질문하면 생각을 자극하며 통제를 하면서 답이 나오게 한다. 마음을 열게 하고 귀를 기울이게 한다. 결국 상대가 질문에 답하면서 스스로 설득이 이뤄지게 한다. 질문은 모든 문제해결의 시작이자 끝이다. 질문을 통해 고객의 잠재능력과 가족사랑에 대한 생각을 알 수 있고 열게 할 수도 있다.

질문은 상황에 맞게 하는 것이 중요하다. 보험 세일즈는 질문은 고객의 객관적인 정보(보험 가입, 보험료 납입 등)를 얻고 사실관계(보험 가입 동기, 보험 가입 회사, 담당컨설턴트 등)을 파악하는 질문이 많다. 고객의 생각과 잠재능력 등을 일깨울 수 있는 질문도 중요한데, 그러려면 다음과 같은 질문법을 익혀야 한다.

※ 질문의 세 가지 방법

1. 열린(Open) 질문

깊은 생각을 통해서만 답변할 수 있는 질문이다. 고객이 "예.", "아니오"로 답할 수 있는 질문이 아니다. 예를 들어 "고객님의 가족사랑을 표현하는 방법은 어떤 것이 있습니까? 보험하면 떠오르는 이미지는? 보험 가입 후에 이어지는 생각은?"과 같은 질문으로 고객이 구체적인 정보를 꺼내놓도록 하는 질문이다.

2. 어떻게(How) 질문

대화 중 '왜?'라고 질문하면 불쾌감이나 불찬성을 의미하거나 과거 지향적인 답변을 하게 한다. 하지만 "어떻게?"로 질문하면 고객의 대답을 통해 생각을 구체적으로 파악할 수 있다.

3. 미래지향(Forward) 질문

고객의 가능성에 초점을 맞추고 긍정적인 상황을 유도하는 질문이다. 예를 들어 "고객님의 10년 후에 가족을 위해 한 일 중에 가장 의미 있는 일을 생각한다면 어떤 것이 있을까요? 고객님께서 성공 가능성이 100%라면 가족에게 어떤 일을 할 수 있겠습니까? 자녀들의 행복한 미래를 위해 가장 중요한 것은 무엇일까요?" 등과 같은 질문으로 고객에게 꿈과 희망, 그리고 가능성을 갖도록 하는 질문이다.

경청과 질문은 컨설턴트의 자격이자 특권이다. 잘 듣고 잘 묻는 능력은 아무나 가질 수 없다. 컨설턴트는 노력과 훈련을 통해 고객으로부터 인정을 받고 스스로의 노력에 만족을 누릴 수 있을 직업이다.

Lesson 5

인성으로 경쟁력을 갖춰라

내가 남에게 베푼 공은 마음에 새겨두지 말아야 하고,

내가 남에게 저지른 잘못은 마음에 새겨두어야 한다.

남이 나에게 베푼 은혜는 잊어선 안 되고,

남이 내게 끼친 원망은 잊어버려야 한다.

- 채근담

컨설턴트 대상으로 리더십 강의를 끝낸 후에 우울해 보이는 컨설턴트가 고민을 털어 놓았다. 자신은 스스로 가치 있는 직업이라고 인정하고 느끼지만 고객들은 선뜻 그런 점을 인정하지 않는 것 같아서 고민된다는 것이다. 보험 상품에 대한 가치는 인정하지만 상품을 판매하는 사람에 대해서는 인정을 꺼려 하는 사회적인 분위기를 느낀 것이라 본다.

이때 보험상품의 가치를 인정하는 것만큼 컨설턴트라는 직업과 직업인으로서 인정 받을 수 있는 방법은 간단하다. 무엇보다 의지할 수 있고 의지하고 싶은 인성이 좋은 컨설턴트가 되는 것이다. 즉 인성을 갖추라는 것이다.

"사람 참 좋다, 인성이 좋다."

우리는 늘 곁에서 든든한 버팀목 역할을 해주는 사람에 대해 이렇게 말한다. 컨설턴트라면 바로 이런 소리를 들어야 한다. 고객의 심적 버팀목이 될 정도로 인성을 갖춰야 한다.

웅진코웨이가 '렌털 업계 부동의 1위, 6년 만에 웅진그룹으로 복귀' 등으로 의미 있는 30주년을 기념하는 행사가 2019년 5월에 열렸다. 그 자리에서 긍정의 세일즈맨, 영원한 세일즈맨 윤석금 회장은 인성교육이 필수라고 강조하면서 이렇게 말했다.

"사람의 인성은 나무의 뿌리와 같다. 인성이 밑에서 받쳐주지 않으면 자신의 직업에 긍지를 갖기 어렵고, 어려움이 닥치면 쉽게 무너진다. 세일즈하는 사람에게 인성교육은 세상을 바라보는 눈을 만들어주는 것이기도 하다."

교수를 가르치는 교수로 잘 알려진 조벽 교수는 인성 그 자체가 실력이라면서 집단지성을 발휘하는 실력이라고 말한다. 그는 실력이 우수한 인재 중심의 천재경영시대는 끝났다고 하면서 집단지성의 필요성을 강조한다. 다양한 실력과 재능이 있는 여러 명이 함께 어울려서 일을 해야만 성과를 낼 수 있다는 것이다.

컨설턴트는 1인 기업가이다. 혼자 열심히 하는 것과 더불어 컨설턴트를 먼저 시작한 동료들, 그리고 고객과 함께 비즈니스를 추진해야 한다. 이때 자신을 조율하고 고객과 함께 지낼 수 있는 능력인 인성은 컨설턴트 직업의 성공과 행복의 밑바탕인 것이다.

※ 컨설턴트가 갖춰야 할 인성 세 가지

1. 사랑의 마음으로 대하는 인(仁)

인(仁)은 공자의 중심사상이다. 선(善)의 근원이고 행(行)의 기본이다. 仁이란 人과 二, 즉 두 사람의 사랑이라고 생각하면 쉽게 이해할 수 있다.

보험을 가입하는 가장 큰 이유는 가족을 위한 어머니의 사랑과 같은 징표라 해도 과언이 아니다. 보험을 가입하는 고객의 근원적인 마음은 인(仁)에 있다. 고객과 컨설턴트의 仁의 마음이 합치가 되었을 대 보험 증권은 계약이 이뤄진다고 봐야 한다. 보험 세일즈를 준비한다면 이처럼 가족에 대한 사랑을 인(仁)으로 챙길 수 있어야 한다.

2. 조금 더 참아내는 인(忍)

인(忍)은 목표를 이루기 위해 지녀야 할 가장 중요한 태도 중의 하나다. 특히 보험 세일즈에서 인내심은 매우 중요하다. 필자 상사는 수시로 이런 말을 했다.

"고민할 시간 있으면 고생을 선택하라."

인성교육은 인내의 경험에서부터 시작된다. 보험 세일즈의 시작은 고객의 반응에 대해 참고 견디는 것이 아닌 자신의 부정적인 감정을 극복하는 곳부터 시작해야 한다. 그래야 목표에 좀 더 빠르게 도달할 수 있다.

3. 고객 행복을 제공하는 인(因)

인(因)은 클 대(大)와 입 구(口)자의 합성어로 이뤄졌다. 즉 원인의 가장 큰(大) 이유는 우리가 하는 말(口)에 의해서 좌우된다고 보면 된다. 컨설턴트라는 직업은 대화로서 고객에게 감동을 전하고 인정을 받는 직업이다. 그래서 말주변이 없다고 고민하는 사람이 많다. 하지만 이것은 원칙만 알고 있으면 쉽다. 미래의 모습을 현재형으로 말해보자.

예를 들어 "고객님, 오늘 상담이 내일의 가족 사랑을 지켜줄 것이다. 저와의 상담이 가족을 사랑하는 가장 강력한 사랑의 표현이다. 보험 상품에 대해 설명 들으신 것만으로 이미 가족사랑은 완성된 것이다." 식으로 말해보자. 인(因)을 통해 항상 긍정적이고 미래지향적인 인성의 소유자임을 드러내서 고객의 믿음을 살 수 있다.

인성은 마음으로 느끼는 '감정'이 아니라 '실력'이다. 그래서 컨설턴트의 인성은 성과와 밀접한 상관관계가 있다. 고객을 사랑의 마음으로 대하는 인(仁), 스스로를 극복하기 위해 조금 더 참아낼 수 있는 인(忍), 말로써 고객의 행복의 원인을 제공하는 인(因)을 챙기면 컨설턴트로서 좋은 인성을 갖췄다고 인정 받으며 고객의 사랑을 받게 될 것이다.

인성, 당신의 성공을 위한 자산이다. 지금 하시는 일에 인성을 담아보자. 그 인성으로 당신은 유능한 컨설턴트로 〈인정〉받을 것이다.

☞ **信의 한 수 | 나의 인성지수 키우기**

당신의 인성을 키우기 위해 해야 할 것을 생각해보세요.

1 _____

2 _____

3 _____

4 _____

5 _____

3꼭을 실행하라

하루를 연주하지 않으면 자기가 알고, 이틀을 연습하지 않으면 동료가 알고,

사흘을 연습하지 않으면 청중이 압니다. 성공의 비밀은 끊임없는 연습입니다.

- 바이올린 연주자 장영주

"지각하지 마라. 차 조심하고 친구들과 잘 지내라. 선생님 말씀 잘 듣고 공부 열심히 해야 돼."

등교하는 아이들에게 항상 하는 잔소리가 있다. 이런 잔소리가 어른이 되면 당시에는 실천하기 힘들었지만 그만큼 공부를 잘 하려면 꼭 필요한 요소라는 것을 알 수 있다. 보험 세일즈를 시작하면서 잔소리처럼 들리지만 꼭 실천해야 할 간단한 기준이 있다. 누구나 쉽게 할 수 있는 일이고 누구나 지켜야 할 사항이다.

단순노출 효과(Mere Exposure Effect)라는 게 있다. 자주 볼수록, 자주 만날수록 호감이 증가하는 현상을 의미한다. 대표적인 예가 프랑스 에펠탑이다. 에펠탑은 1889년 프랑스 혁명 100주년을 맞아 열린 만국박람회의 출입 관문으로 설계되었는데, 초기에 많은 사람이 반대했다. 철 구조물인 에펠탑이 파리의 고풍스럽고 아름다운 풍경과 어

울리지 않는다는 이유였다. 프랑스 정부는 20년 후에 철거하기로 약속하고 간신히 건설할 수 있었다. 그런데 324미터의 높이 때문에 파리 시민들은 좋든 싫든 에펠탑을 매일 봐야 했다. 그로 인해 점점 좋아지게 되었고, 일부러 찾는 시민이 늘어났다. 지금은 프랑스의 관광명소 1위가 되었다. 그래서 단순노출 효과를 에펠탑 효과(Effel Tower Effect)라고 표현하는 이들도 있다.

보험영업은 목적과 목표를 갖고 만나는 것만큼 간단한 만남 자체로 컨설턴트의 호감도를 향상시킬 수 있고, 호감은 당연히 인정으로 이어질 가능성이 높다. 단순노출 효과를 기억한다면 처음 방문에서 거절당했다고 결코 실망하거나 좌절할 일이 아니다.

필자가 보험 세일즈를 준비하는 이들에게 주장하는 3꼭이 있다. 이 3꼭을 지키면 고객으로부터 최소한 인정과 공감은 얻을 수 있다. 내가 알아야 할 모든 것은 유치원에서 배웠다고 하듯이 이미 여러분은 보험 세일즈를 성공할 수 있는 기본적인 소양은 충분히 갖추고 있다. 3꼭은 보험 세일즈가 아니더라도 일상에서 누구나 꼭 해야 할 일이기 때문이다. 그 3꼭은 다음과 같다.

※ 성공으로 이끄는 3꼭

1. 꼭 약속을 지킨다

컨설턴트가 고객에게 줄 수 있는 것은 계약 전과 계약 후로 구분된다. 계약 전에는 명확하고 정확한 자료와 설명이 필수적이다. 계약 체결 후를 염두에 두고 컨설팅 내용을 준비하고 사전 리허설을 해야 한다. 계약 체결 전과 계약 후의 말이 다르면 심각한 문제를 야기할 수 있다. 따라서 계약 전 약속을 지키기 위해서는 상품과 관련한 충분한 지식을 갖춰야 한다. 지식을 기반으로 사전 리허설을 철저하게 이행해야 한다. Role Playing(역할연기)이라고 하는데 실전이라고 가정하고 연습해야 한다. 지식과 Role Playing은 고객과의 사전 약속을 지키기 위한 필수 요소다.

또한 계약 후에 약속을 잘 지켜야 한다. 대개 계약 체결 후 고객을 방문하는 횟수가 줄어들고 고객관리를 소홀히 하는 경우가 많아지는데, 이렇게 하면 보험 세일즈는 오래 할 수가 없다. 고객은 계약 후에 상품내용에 관심이 없어지기 때문에 정기적으로 증권 소유 여부나 상품 내용을 추가 설명하는 것이 중요하다. 이때 다른 컨설턴트에게 가입한 계약을 보충 설명하는 것이 효과적이다. 가입한 모든 계약을 통합적으로 관리한다는 것은 추가적인 계약을 체결하기가 용의하다는 것을 의미한다. 자신을 통해서 가입한 상품뿐만 아니라 다른 컨설턴트를 통해서 가입한 상품에 대한 지식과 상품을 분석할 수 있는 능력이 필요하다.

영국의 지배를 받고 있던 때 간디는 지도자 몇몇 사람들을 불러 회의를 개최했지만, 5분이나 지났는데 간디 외에 아무도 나타나지 않았다. 잠시 후 하나둘씩 모이기 시작한 회의장에서 간디는 비통하게 이렇게 말했다.

"지금 여기 모인 사람들은 5분 이상 늦었다. 인도의 독립도 그만큼 늦어졌다는 사실을 명심하십시오."

약속 시간을 지킨다는 것은 컨설턴트 품격의 핵심 기준이다.

보험 세일즈는 고객의 신뢰를 기반으로 성과를 만드는 비즈니스다. 고객의 신뢰를 얻기 위해서는 고객과의 약속은 꼭 지켜야 한다. 특히 시간 약속은 생명처럼 지켜야 한다. 시간 약속을 잘 지키기 위해서는 계획을 제대로 수립해야 한다. 월간, 주간, 일간 다이어리를 많이 활용할 수 있어야 한다.

2. 꼭 기록한다

성공하는 사람들은 일기를 쓴다. 일기는 자신의 감정을 기록함으로써 문제를 해결할 수 있고 같은 일에 대한 실수의 재발을 막을 수 있다. 보험 세일즈는 상담 약속, 상담 내용, 자신의 감정, Self 피드백, 성과 및 활동 현황, 고객 정보, 교육 내용 등 기록해야 할 것이 많다. 고객과의 상담 내용과 Self 피드백은 꼭 기록해야 한다.

고객과의 상담 내용은 육하원칙에 의해 기록하는 것도 중요하지만 고객의 반응과 자신의 감정을 기록하는 것도 중요하다. 고객의 반응은 향후 계약 체결과 계약 소개를 위해서 좋은 정보로 활용할 수 있다. 자신의 감정 기록은 성장에 많은 도움을 준다. 감정을 기록하는 것은 동일한 상황이 반복됐을 때 극복할 수 있는 힘을 얻을 수 있다.

자신 스스로 활동을 분석하고 전략을 수립할 수 있도록 Self 피드백을 기록하는 것도 중요하다. 보험 세일즈를 하다 보면 같은 일이 수없이 반복되는 경향이 있다. 반복적인 일상 속에서 자신의 정체성을 확인하고 방향을 수립하기 위해서는 스스로에 대한 피드백을 기록에 남겨야만 한다.

보험 세일즈로 성공하려면 꼭 기록함으로써 스스로 성장하는 디딤돌로 삼아야 한다.

3. 꼭 자신을 믿는다

자신을 믿는 것은 보험과 보험 세일즈, 컨설팅과 고객을 믿는다는 것과 같다. 자신을 믿는 것만큼 타인과 상황을 믿을 수 있기 때문이다.

자신을 믿으려면 목표 수립부터 시작해야 한다. 지나치게 높은 목표와 고객에 대한 높은 기대는 자칫 부담감으로 작용하여 자신감 하락으로 이어질 수도 있기에 처음에는 적절한 목표를 수립하는 것이 중요하다. 이때 절실한 것이 이미 성공한 컨설턴트의 도움이다. 그들은 경험이 풍부하기에 적극적으로 찾아 배워야 한다. 이런 선배를 찾아 상담을 통해 목표 수립만 제대로 하면 스스로 믿을 수 있는 기반은 이미 조성된 것이다.

다음엔 고객에 대한 목표를 수립하면 된다. 고객이 어떤 반응을 보일 것이며, 계약 체결 가능 여부, 소개 가능 여부, 적절한 계약 체결 시기 등을 알 수 있다. 고객 별로 고객 상황이나 상담 내용을 기록하고, 그것에 따른 계획된 행동을 이어간다면 자신을 믿을 수 있게 된다. 자신에 대한 믿음과 믿음에 따른 행동은 고객으로부터 인정받고 신뢰를 받는 컨설턴트로 성장할 수 있다.

컨설턴트의 경쟁력은 기초과 기본의 충실도에 따라 달라질 수 있다. 가장 기본적인 세 가지를 3꼭, 즉 꼭 고객과의 약속을 지키고, 꼭 기록으로 남겨 기억하고, 꼭 자신을 믿음으로써 고객에게 인정받는 컨설턴트로 성장해 나갈 수 있다.

☞ **信의 한 수 | 약속 사명서 만들기**
당신에게 성공을 부르는 약속 사명서를 만들어 보자.

_____

_____

_____

_____

_____

_____

_____

_____

Lesson 7

3미로 무장하자

사막이 아름다운 것은 어딘가에 샘이 숨겨져 있기 때문이다.

- 생떽쥐페리

컨설턴트와 컨설턴트 '십(Ship)'을 논의하는 소모임을 가진 날이었다. 휴식 시간이 되어 삼삼오오 얘기를 주고 받았는데 한 컨설턴트를 중심으로 5~6명 정도가 모여 화기애애한 분위기로 얘기하고 있었다. 한 사람에 의해 분위기가 좌우된다는 것을 잘 보여주는 장면이었다.

"뭐가 그렇게 재미있으세요?"

궁금해서 끼어 들었더니 의외의 답변이 나왔다. A컨설턴트가 너무 재미있어 얘기 듣다보니 저절로 웃음이 나왔다는 것이다. 재미있게 말하는 A컨설턴트는 성과도 탁월하여 MDRT 회원이라는 말도 추가로 덧붙였다.

누구나 호감을 느끼는 사람만의 조건이 있다. 일단 재미가 있다. 재미에 의미까지 부여한다면 오래 함께 하고 싶게 한다. 재미와 의미로 맺어진 관계는 심미(審美)한 관계로까지 이어갈 수 있다. 재미와 의미, 그리고 심미한 능력으로 무장한 컨설턴트는 고객으로부터 인정을 받아 성공의 길로 들어서게 되는 것이다.

펀(FUN) 경영으로 유명한 진수 테리(Jinsoo Terry)는 부산에서 태어나 대학 졸업 후 한국에서 의류사업을 하다가 남편 샘 테리를 만나 미국으로 건너갔다. 거기에서 수많은 역경을 극복했음에도 성공하지 못했다. 설상가상으로 7년간 일하던 회사에서 해고를 당하게 된다.

"당신은 인종차별 때문에 해고당한 것이 아니다. 엔지니어로서 일도 잘하고 학벌도 좋지만, 너무 잘하려고 늘 긴장해 있기 때문에 당신의 얼굴엔 미소가 없다. 그래서 아랫사람이 당신을 따르지 않는 게 문제이다."

해고 사유가 이렇다니 할 말이 없었다. 그래서 펀(FUN) 경영을 배워 현장에 적용하였기 시작했다. 그 결과로 2006년 샌프란시스코 시에서 7월 10일을 '진수 테리의 날'로 선정할 정도로 큰 성공을 이뤘다.

하버드 의대 정신과 교수 조지 베일런트는 성적과 졸업 이후의 삶에 대한 영향력에 대해 268명을 추적 조사해서 발표했다.

"우리가 발견한 것은 대학의 점수가 이후 50년의 인생에 전혀 영향을 끼치지 않는다는 것이었다. 오히려 삶의 역경에 처했을 때 웃음으로 극복한 사람들이 가장 성공적인 삶을 살았다."

웃음과 긍정적인 사고방식으로 무장하는 것이 성공에 직접적인 영향을 끼친다는 것을 확인해준 결과였다.

삶의 의미란 무엇일까? 의미의 의미를 한 문장으로 정리하는 것은 대단히 어려운 일이다. 하지만 의미란 언어 표현이 실제로 지시하는 대상물이나 언어 표현이 지시하는 대상물이 가지는 심적 영상과의 상호 환기성, 표현을 야기한 자극이나 반응과 둘의 병합, 표현의 맥락 안에서 사용되는 현상이거나 그 사용에 의해서 결정되는 것이라고 정의할 수 있을 것이다. 의미가 있다고 느끼는 것은 그 자체뿐만 아니라 다른 생각과 행동을 할 수 있는 계기가 된다. 불우한 환경에 처한 가장이 가족에 대한 새로운 의미를 느껴 성실한 노력으로 부자가 되었다는 것을 보면 의미를 이해할 수 있겠다.

의미는 자신이 중요하거나 가치 있다고 느끼는 것이다. 의미를 느낀다는 것은 주관적이기 때문에 타인은 의미가 없다고 하더라도 자신이 의미를 느끼면 그 자체가 의미를 갖게 된다.

의미는 유용성(usefulness)과 관련이 있다. 자신의 행동 하나하나가 쓸모 있다고 느낄 때 그 일에 의미를 갖게 된다. 의미는 이해(understanding)다. 인간은 세상을 이해하려는 강력한 욕구가 있다. 자신에게 일어난 일들이 왜 일어났는지 설명되지 않을 때 '이건 의미 없어'라고 느끼게 된다. 의미는 정체성(identity)과 밀접한 관련이 있다. 자신의 행동이 나는 누구이며 어디로부터 와서 어디로 가고 있는지에 대한 명쾌한 대답과 연결되어 있을 때 의미를 느끼게 된다.

컨설턴트로서 보험 세일즈에 의미를 찾고 느낀 사람은 쉽게 지치지 않는다. 항상 열정적이며 고객을 이해와 사랑으로 대한다.

심미(審美)는 사전적인 의미로 '아름다움을 살펴 찾음'이다. 하지만 필자는 심미(審美)를 심미(心美)로 보고 있다. 마음이 아름답다는 의미다. 마음과 아름다움은 기준을 정해 설명하는 것이 어렵지만, 아무 조건 없이 선행을 베푼 사람들에게 '마음 참 예쁘다!'는 쉽게 이해할 수 있다.

재미와 의미, 그리고 심미한 매력을 가진 사람은 항상 주변 사람들에게 행복을 전해 줌으로써 자신 또한 행복한 성공을 경험하게 된다. 따라서 컨설턴트는 3미, 즉 재미로 무장하고, 의미를 찾으며, 아름다운 마음을 챙겨야 한다. 3미로 무장하면 보험 세일즈의 성공은 가까운 곳에서 미소를 짓게 될 것이다. 지금부터 당신이 3미로 무장하는 필살기를 소개해 본다.

※ 성공의 필살기 3미

1. 재미를 담아라

컨설턴트는 누군가를 만나야 하는 직업이다. 만나는 사람이라면 누구나 기분 좋게 만드는 사람이 되어야 한다. 그러면 밝은 표정으로 재미있게 말할 줄 알아야 한다. 밝은 표정을 짓기 위해서는 거울을 활용하는 것이 좋다. 뇌는 거울 뉴런이 있어서 눈에 들어오는 것이 밝은 모습일 때 자동적으로 밝게 반응한다. 거울을 쳐다보고 밝게 웃으면 자동적으로 자신의 표정도 밝아지게 된다.

말을 재미있게 잘하는 방법 중에 암기도 있다. 짧은 시나 좋은 글

귀를 암기하고 적절하게 활용하는 것이다. 어떤 분야든 완벽하게 숙지하고 이해한 대가의 강의는 진중하지만 재미있는 이유가 여기에 있다. 또한 말을 잘하기 위해서는 좋은 글을 녹음하여 듣는 방법도 있다. 직접 녹음하여 자신의 목소리를 듣는 것이다. 자신의 목소리를 직접 듣는 경우는 생소하기에 뇌가 신선하게 받아들인다. 암기에도 도움이 되고 대화할 때 자연스럽게 나오는 효과가 있다.

2. 의미를 담아라

"보험 세일즈는 당신에게 어떤 의미입니까?"

이런 질문은 왜 보험 세일즈를 하는지 의미를 찾으라는 것이다. 보험 세일즈는 내가 행복하고 누군가의 행복을 더 크게 만들기 위해 자기주도적으로 비즈니스를 한다는 의미가 있다. 또한 미래 행복이라는 의미도 찾을 수 있다. 컨설턴트는 Financial Consultant의 줄인 말이다. 재정 컨설턴트로서 Financial Consultant를 생각한다면 Future Consultant라고도 생각할 수 있다.

Future Consultant는 고객의 미래 행복에 대한 완벽한 컨설팅을 통하여 지금 즉시 마음의 평화를 얻고, 지금에 만족하며, 지금 하는 일을 안정적으로 추진할 수 있도록 도움을 준다. Future Consultant는 미래에 고객에게 닥칠 수 있는 위험을 지금 즉시 해결해 줌으로써 가족을 더 크게 사랑할 수 있고 더 큰 정신적 유산을 남길 수 있도록 이끌어준다는 의미를 담고 있다.

3. 심미를 담아라

아름다운 마음을 의미하는 심미(心美)를 가진 컨설턴트는 고객에게 최고의 행복을 전달할 수 있다. 보험 세일즈와 아름다운 마음을 이어주는 요소 중에 봉사 정신이 있다. 누군가에게 도움을 줄 수 있는 것이 아름다운 마음이다. 보험 세일즈는 고객의 정신적인 안정과 현재의 문제해결, 그리고 고객과 고객의 연결을 통하여 행복한 네트워크를 만들게 도움을 줄 수 있다. 또한 생로병사(生老病死), 희노애락애오욕(喜怒哀樂愛惡慾)의 인생 마디에서 고객이 원하는 바를 이루도록 함께 할 수 있다. 가장 힘든 가족 간의 아름다운 이별(사망 후)을 준비할 수 있도록 도움을 준다. 심미(心美)로 무장된 컨설턴트는 고객과 고객의 가족 모두에게 대를 이어 행복한 자산을 이끌어주는 도움을 줄 수 있다.

"착한 사람이 성공한다!"
필자가 강의현장에서 자주하는 말이다. 가슴이 따뜻한 보험 세일즈맨십으로 선한 영향력을 전하다 보면 보험 세일즈로 성공한 인생을 꾸릴 수 있다.

보험 세일즈는 휴먼 비즈니스(human business)이기에 사람과의 관계를 통해서 가족 사랑을 완성하는 사업이다. 그래서 컨설턴트가 재미와 의미, 그리고 심미(心美)라는 〈3미〉를 갖는 것은 사랑을 더 큰 사랑으로 만드는 능력을 갖추는 것이다.

Lesson 8

3L을 실천하라

어떤 결정을 내려야 할 때 가장 좋은 것은 올바른 결정이고,

다음으로 좋은 것은 잘못된 결정이며,

가장 나쁜 것은 아무 결정도 하지 않는 것이다.

- 로저 엔리코

 탁월한 성과를 낸 개인이나 조직의 성공 요인을 인터뷰하면 '탁월한 리더십' 덕분이라는 답변을 자주 듣는다. 앨런 케이스(Alan Keith)는 "리더십은 궁극적으로, 대단한 일을 일으키는 데에 사람들이 공헌할 수 있게 하는 방법을 만들어내는 데 대한 것이다."고 했다. 그의 주장처럼 리더십은 시대와 계층을 구분하지 않고 성공과 성장을 위한 가장 중요한 요소이다.

 보험 세일즈도 마찬가지로 탁월한 성과를 내기 위해서는 컨설턴트의 리더십이 중요하다. 구글에 '리더십'을 검색하면 0.37초 만에 약 35,000,000개나 조회될 정도로 리더십은 범위나 내용이 광범위하고 세밀하다.

 필자는 성공한 컨설턴트의 다양한 상담 사례를 통해 3가지 경청,

학습, 선도, 즉 고객의 의견을 잘 듣고, 스스로 학습주제를 결정해 학습하여, 다양한 부분에서 선도적인 역할을 하는 컨설턴트가 성공의 열쇠라는 것을 발견했다.

리더십을 발휘하는 컨설턴트는 고객으로부터 공감을 얻고 인정을 받을 수 있다. 그래서 필자는 리더십 성공의 요소인 경청, 학습, 선도를 〈3L〉로 강조하고 있다.

※ 리더십 성공의 요소 3L

1. Listening(경청)

상대 마음을 얻으려면 먼저 나의 귀를 열어야 한다. 귀를 열어 상대의 말을 들어주는 것은 상대방의 마음 안으로 들어간다는 것이다. 1418년, 스물두 살에 왕위에 오른 세종대왕의 과제는 2~30년 나이가 많은 대신들의 마음을 얻는 것이었다. 그들을 수시로 불러 의견을 들었고, 적용할 만한 아이디어가 나오면 시행하도록 명을 내렸다. 그것으로 신하들의 신뢰를 얻었다.

말재주가 없어서 보험 세일즈 시작을 두려워하는 사람들이 많은데, 그것은 한 면만을 보고 생긴 고정관념이 만든 일이다. 성공한 컨설턴트들은 '말을 잘하는' 컨설턴트 보다 말을 '잘 들어 주는' 경우가 훨씬 많다.

잘 듣는 것은 고객이 말하는 내용을 잘 들어주는 모양만이 아니라 말 속에 담겨진 마음을 읽는 것이다. 고객의 입장에서 마음까지도 읽어주는 컨설턴트는 고객에게 충분한 공감과 감동을 주어 성과로 이어진다.

고객의 마음을 들으려면 말의 맥락을 잘 살펴봐야 한다. 사람은 아무런 의미 없이 내뱉는 말에도 대부분 말과 말 사이에 감정을 담는다. 그 감정은 표정이나 자세로 묻어나온다. 따라서 고객의 표정이나 자세, 말의 톤을 유심히 살피는 것이 중요하다. 또한 자신의 감정을 노트에 메모하는 것이 효과적이다.

말재주, 또는 말주변이 없다고 보험 세일즈의 선택을 두려워할 필요가 없다. 말을 잘 듣는 것은 별도의 노력을 기울이지 않더라도 인간이 근본적으로 가지고 태어난 타고난 능력이다. 교육만 잘 받으면 그 능력을 최고치로 발휘할 수 있다.

2. Learning(학습)

학습이란 배우고 익히는 것이다. 학(學)은 뭔가 새로운 것을 탐구하고 배우는 것이며 습(習)은 배운 것을 반복하여 익혀서 나의 것으로 만드는 것이다. 성장과 성공을 위해서 학습이 중요하다는 것은 누구나 공감할 것이다. 자기주도학습은 학습자 스스로 학습계획을 수립하고, 실천하며, 평가하는 과정에서 일차적인 책임을 학습자가 갖는 학습과정이나 학습형태를 의미한다. 예측 불가능한 경영환경에 능동적으로 대처하고, 조직의 경쟁우위를 점하기 위해 개인의 학습능력의 중요도가 확대되고 있다. 그래서 학습, 특히 자기주도학습은 개인과 조직의 성장과 성공을 위한 중요한 요소다.

보험 세일즈는 경험적 학습을 주도적으로 할 수 있는 사업이다. 경험학습은 학습자들이 목표를 달성하기 위하여 직접적인 경험을 할 수 있도록 학습자를 동참시키는 교육방법이며, 지식과 스킬을 향상시키고 가치를 확고히 하는 철학적 교육 방법론이다.

고객에게 인정받는 컨설턴트가 되기 위해서는 학습도 비즈니스라는 관점으로 접근해야 한다. 보험 세일즈의 모든 과정을 경험학습의 일환이라고 생각하면 좀 더 적극적으로 활동할 수 있다. 보험 상품을 팔러 간다는 생각보다 자신의 잠재능력을 발견하기 위해 경험학습을 하는 중이라고 생각하면 고객에게 좀더 쉽게 접근할 수 있다.

스스로 목표를 수립하고 무엇을 통해서든 학습의욕을 불러일으키는 사람은 어떤 일을 하더라도 성공한다. 배우려는 자세를 갖고 있는 사람은 100% '성장'한다. 학습의욕을 가지고 성장하기 위해 보험 세일즈를 시작해보자.

3. Leading(선도)

성공한 컨설턴트를 인터뷰해보면 성과 부분보다 트렌드에 빨리 적응하는 것에 더 많은 열정을 갖고 있다. 종신보험이라는 낯선 상품이 국내에 선보인 2000년 초만 해도 비싼 보험료를 어떻게 판매할지 두려워했던 컨설턴트가 많았다. 하지만 트렌드를 빠르게 선점한 컨설턴트들은 큰 성공을 거두었다. 변액보험이라는 트렌드가 생겼을 때도 자격증 취득, 종합재정설계 준비 등으로 빠르게 변액보험에 적응하여 기회를 선점한 컨설턴트들이 성공했다. 선도하는 이들은 트렌드를 빠르게 따라잡아 선점하는 뛰어난 능력을 갖고 있다.

보험 세일즈를 새롭게 시작하는 사람들은 최신 트렌드를 선도해야 한다. 내가 지금 내 맘대로 할 수 없는 것이 많다고 생각하면 무기력 감이 생긴다. 그런 무기력감은 지금 당장 내 마음대로 할 수 있는 일 조차도 못하게 만든다. 만약 지금 무기력감에 빠져 있다면 새로운 보험 세일즈 트렌드에 빠르게 적응하는 선택을 해야 한다. 그래야 자신 감도 생기고 무기력감은 들어설 틈이 없게 된다.

리더십은 더 이상 기업 경영자들의 전유물이 아니다. 어떤 계층이나 조직의 사람들이 필수적으로 가져야 할 덕목이다. 1인 기업인 보험 세일즈도 마찬가지다. 고객의 마음을 잘 들어줌으로써 고객으로부터 공감을 얻을 수 있게 경청하고, 새로운 대상을 경험적 학습으로 생각하고, 학습의욕을 갖고, 보험 세일즈 트랜드를 빠르게 적용하고 선도하는 '3L' 리더십으로 무장해 보자.

다음 시트를 채워가면서 성공 마인드를 다져 가시기 바랍니다.

Success Action 10

	ACTION 10	시작일	점검일	달성일
1				
2				
3				
4				
5				
6				
7				
8				
9				
10				

공(公)

공적인 직업이다

공적으로 인정받는 직업, 보험 세일즈

성공의 비결은 모르겠다. 하지만 실패의 비결은 알고 있다.

모든 사람들을 기쁘게 하려는 것이다.

- 영화배우 빌 코스비

국가가 지원하는 의료보험의 부족한 부분을 실손보험이 보완한다. 의료보험은 의무사항이고 실손보험은 자유 선택이지만 국민의 행복 추구 입장에서는 유사한 성격의 공적인 사회제도다. 그래서 보험 세일즈에 공적인 부분이 강조된다. 자동차의 책임보험과 기업의 산재보험 등도 동질의 성격을 갖고 있는 공적인 사회제도다.

고객의 개인적인 문제해결을 넘어 사회 전체에 미치는 긍정적인 파급효과를 생각한다면, 보험 세일즈의 공적인 의미가 강조되는 것은 당연한 일이다. 보험 세일즈가 공적으로 인정받음으로써 취할 수 있는 사회적 기능은 가정의 연속적인 행복 실현을 위한 3층 보장, 가정의 행복 유지, 공적인 자격증 등으로 구분할 수 있다. 3층 보장은 개인(1층)과 기업(2층), 그리고 국가(3층)의 보장을 말한다. 개인적으로 3개 층을 완벽하게 준비함으로써 행복한 노후를 준비하거나 예기치 못한 불의의 사고에 대비할 수 있는 '사회적 시스템'이다.

최근 연금 전문가들은 고령화 시대에는 1층인 국민연금으로 기초생활 보장을, 2층인 퇴직연금으로 안정적인 생활을, 3층인 개인연금을 필수적으로 가입해서 여유 있는 노후생활을 준비하도록 조언한다. 보장성보험도 가장 기초적인 의료실비보장, 병 진단 시 고액 보장이 가능한 진단비 보장, 그리고 사망 후 가족의 안정을 위한 사망보장 등 3층으로 완벽한 보장을 준비하라고 하는 컨설턴트도 있다.

국민연금, 퇴직연금, 개인연금을 종합적으로 컨설팅하는 보험 세일즈는 국민의 행복한 100세 시대를 준비하기 위한 중요한 활동이다. 종합적인 컨설팅의 원활한 수행을 통하여 사회에 기여한다면 보험 세일즈는 공적으로 인정받을 것이다.

보험 설계사로 등록하기 위해서는 생명보험협회와 손해보험협회에서 주관하는 생명, 손해보험 자격시험 및 제3보험설계사 자격시험에 합격해야 한다. 응시자격은 보험회사, 보험협회, 보험연수원에서 생명보험 또는 손해보험 모집에 관한 연수과정을 이수해야 한다. 그리고 자격시험에서 60점 이상을 득점해야 한다. 자격시험에 합격하면 보험설계사로 등록할 수는 있지만 보험회사마다 등록절차가 상이하게 진행되므로 판매 전 교육의 수료 여부 등 보험사의 특성을 고려해야 한다.

개인들이 모여 가정을 구성하고 가정들이 모여서 마을을, 그리고 마을들이 모여서 국가를 이룬다. 아리스토텔레스는 정치학에서 "국가를 이루는 최소 단위는 가정이며 가정이 잘 운영되어야 국가가 잘 운영된다."면서 가정의 중요성을 강조했다. 가정이 잘 운영되기 위한 조건은 시대나 환경, 개개인의 가치관에 따라서 천차만별이지만 가정 구성원 개개인이 행복해야 잘 운영된다.

가정과 구성원 개개인이 행복하기 위한 조건은 무수히 많을 것이며, 절대적인 조건이 없다. 하지만 누구나 항상 생각하는 것이 있다. 바로 불행한 일을 사전에 예방하거나, 불행한 일이 닥쳤을 때도 슬기롭게 극복할 수 있도록 사전에 준비하는 것이다. 특히 불행한 일이 닥쳤을 때 "어떻게 극복할 것인가?"라는 생각은, 특히 가장의 질병이나 불의의 사고로 인해 가정 경제에 심각한 문제가 발생되는 것은 누구나의 가장 큰 걱정거리다. 이런 불행한 일이 닥쳤을 때 국가나 기업의 지원책은 한계가 있고 제한적이다. 그래서 가정에서 개별적으로 대비책을 준비해야 불행을 더 불행해지지 않도록 슬기롭게 대처할 수 있다.

보험 세일즈는 예측할 수 없는 가정의 불행에 대비하고, 더 불행해지지 않도록 슬기롭게 극복할 수 있도록 하는 개별시스템이다. 국가나 기업의 한계적 지원과 제한적인 요소를 극복해 줄 수 있는 공적인 시스템이다.

국가는 전문 자격시험 합격과 교육을 통해 보험설계사에게 공적인 자격을 부여하고 있다. 보험설계사의 공적인 책임감을 강화하고 사회적 규범의 준수를 통해 사회에 긍정적인 영향력을 전파하기 위함이다. 자동차, 정수기 등 세일즈 관련 여러 분야에서 다양한 자격이 필요하다. 그러나 국가가 시행하는 자격시험 합격을 기준으로 하는 컨설턴트는 드물다. 그만큼 컨설턴트는 공적인 위치의 중요성을 인식하고 전문 자격을 보유하여 지속적으로 자기 계발하면 영속적으로 공적인 인정을 받을 수 있다.

공적 인정을 받기 위해 가장 먼저 통과해야 하는 것이 보험설계사 자격시험이다. 자격시험은 합격증을 취득하기 위한 과정이지만, 이 기간은 공적인 인정을 받기 위해 중요한 것을 습득하는 시기다.

필자는 보험설계사 자격시험 준비 기간은 '이태백'의 자세로 학습해야 한다고 강조한다. 자격시험을 취득하려는 마음의 자세를 다져주기에 항상 가슴에 새기면 포기하고 싶을 때마다 충분한 동기부여를 받을 수 있다.

※ 이태백 학습법

1. 이유를 명확히 하라

'왜 보험 세일즈를 하는가?'

이유를 명확하게 결정하면 학습효과나 결과도 당연히 높아진다. 합격을 위한 학습도 중요하지만 학습내용을 중심으로 보험 세일즈에 대한 이유를 지속적으로 확인해가야 한다. 그래야 실제 판매에서도 원하는 결과를 기대할 수 있다.

2. 태도를 중요하게 챙겨라

성공한 컨설턴트들은 태도를 가장 중요한 것으로 꼽는다. 보험설계사 자격시험 준비과정은 보험 세일즈와 관련한 태도를 연마하여 성공을 준비할 수 있는 최적의 시간이다. 판매에 대한 부담감이 전혀 없는 시간에 태도를 다듬고 스스로 피드백할 수 있다. 태도에는 학습에 임하는 자세, 배우려는 자세, 시간 약속, 표정, 교육생과의 관계 형성, 긍정적인 사고 등이 있다.

브라이언 트레이시는 전략적 세일즈맨으로서 성공요인으로 태도가 80%, 적성이 20%라고 강조했다. 긍정적인 태도로 자격시험 준비한다면 합격이라는 선물과 함께 공적인 인정을 받을 수 있는 기초를 다질 수 있다.

3. 백업(back-up)을 하라

백업은 임시 보관을 뜻하는데 정보기술에서는 데이터를 임시적으로 미리 복제하여, 문제가 발생하더라도 데이터를 복구할 수 있도록 준비해두는 것이다. 자격시험 교육 기간 중 자신의 생각과 활동에 대한 데이터 백업이 필요하다. 자격시험 합격 후의 판매 관련 교육이나 실제 판매 활동에 많은 도움이 되기 때문이다.

세상에 해결하지 못할 문제는 없다. 단지 문제가 무엇인지 모르기에 해결하지 못하는 문제가 많을 뿐이다. 보험 세일즈 활동은 상품지식, 태도, 자세, 화법, 활동 시간, 고객 관리 등이 종합적으로 구동되는 'Total Art'다. 그런데 성과 부진 등 어려운 일이 닥쳤을 때는 무엇이 문제인지 모르는 경우가 많다. 이럴 때 필요한 것이 백업 데이터다.

자격시험 준비 기간 중 백업한 자료인 시간관리, 보험에 대한 생각, 교재 내용, 꿈과 목표, 목적 등을 분석하면 어디가 문제이고 시사점은 무엇인지, 어디서부터 다시 시작해야 할지 셀프 피드백이 가능하다. 분석활동을 통해 문제를 발견하고 원활하게 해결할 수 있다. 모든 문제는 반복되는 성향이 있기 때문이다. 따라서 백업 데이터 분석과 피드백을 통하여 실수의 반복을 막을 수 있다.

문제해결을 보다 효율적으로 하기 원한다면 지금부터 교육 기간 중 자신이 했던 활동과 생각 등 데이터를 백업하자. 그 데이터를 실전에 적용하면 당면하는 문제를 슬기롭게 해결할 수 있다.

보험 세일즈는 3층 보장과 개인 보장 준비, 공적인 자격증 취득, 그리고 가정의 지속적인 행복추구 등을 통하여 공적으로 인정받을 수 있는 영역이다. 보험 세일즈를 하는 이유와 자신만의 고유한 태도, 교육 기간 중 생각이나 활동 등의 백업 등 '이태백'의 자세로 보험설계사 자격시험 준비 교육에 임하자. 그러면 공적으로 인정받는 기초를 완성할 수 있다.

지금 시작한 작은 실천이 내일의 큰 성공의 가장 위대한 원천이 될 수 있다. 고민하지 말고 시작 버튼을 꾹! 하고 눌러보자.

지금은 전문가의 시대

프로가 된다는 것은, 당신이 하고 싶어하는 모든 일들을,

당신이 하고 싶지 않은 날에 하는 것을 의미한다.

- 줄리어스 어빙

보험 세일즈 전문가라면 자격증과 재무 설계에 국한시키는 경우가 있지만 영역을 확대하면 누구나 전문가일 수 있다. 자녀를 키웠던 부모는 소통 전문가이며, 가정경제를 꾸려나가는 주부는 경제전문가다. 보험 세일즈 전문가는 지금까지 살아온 인생경험에서 찾을 수 있는 전문가 영역과 보험 세일즈 이후에 노력해서 얻을 수 있는 전문가 영역으로 구분할 수 있다.

보험 세일즈를 준비하는 기간에는 보험 세일즈 이후 전문가가 되었을 때를 고민하는 것보다 지금까지 경험한 것들을 가지고 자신을 전문가로 느낄 수 있도록 자신만의 장점을 찾는 것이 중요하다. 컨설턴트는 고객이 더 나은 선택을 할 수 있도록 전문가가 되기 위해 노력해야 한다.

필자는 오랜 시간에 걸쳐 끈질긴 열정과 노력으로 한 분야에서 달

인의 경지에 오른 이들을 좋아 한다. 그들의 모습에 감탄하면서 SBS TV 〈생활의 달인〉이라는 프로그램을 시청한 적이 많다. 보고만 있어도 탄성이 절로 나온다. 그들이 삶에서 연출하는 신기한 기술을 보는 재미도 재미지만 무엇보다 주어진 환경에서 열심히 생활하는 있는 그대로의 모습이 큰 울림을 선사한다.

장기간에 걸친 공부를 통해 학위나 전문적인 자격증을 취득하여 사회적으로 인정받는 전문가도 있다. 하지만 어떤 분야가 되었든 일상생활 속에서 자신이 선택하여 오랜 시간 동안 차별화된 열정과 노력을 기울인다면 누구나 전문가가 될 수 있다. 우리는 누구나, 어디서든, 자신의 과거의 경력과 상관없이 사회적인 인정과 경제적인 풍요를 가질 수 있는 기회의 시간 속에서 살고 있다. 어떤 전문가가 될 수 있을지 생활 속에서 찾고 지금부터 시작해야 한다.

"누구나 전문가가 될 수도 있지만 전문가는 누군가만 될 수도 있다."

고객이 컨설턴트에게 원하는 것은 보험 상품과 제반 금융을 포함한 전문적이고 종합적인 재무 설계다. 고객의 라이프 사이클을 고려한 재무 설계를 위하여 변액보험 자격증은 준필수 자격증이다. AFPK(재무설계사), IFP(종합자산관리사), CFP(국제공인재무설계사) 자격까지 취득한 컨설턴트를 어렵지 않게 만날 수 있다.

보험회사에서는 국내 유수의 대학교와 연계하여 우수 컨설턴트를 대상으로 MBA과정을 운영하며 전문역량 강화에 힘을 쏟고 있다. 자격증과 금융역량 관련 교육의 강화는 전문화된 보험설계사를 요구하는 고객의 패러다임을 반영한 것이다.

이제는 다음 단계를 준비해야 한다. 우리는 이미 제4차 산업혁명 시대를 살고 있고 더 진화될 것이라고 예상하고 있다. 그래서 시대의 흐름에 맞춰 재무전문가에서 인생설계 상담가로, 재무 설계에서 생애설계 컨설팅으로 진화해야 한다. 재무 설계사 자격증인 AFPK, CFP에서 더 나아가 라이프 플래닝 코치(Life Planning Coach)로 진화할 필요가 있다. 컨설턴트에 대해 다양한 부분에 걸친 전문성 요구는 피할 수 없는 당면한 과제이다.

지금은 전문가 전성시대다. 보험 세일즈도 전문가로 인정받는 시대다. 보험금융 전문자격 부분에서 전문성은 물론 자신에 대한 장점을 파악해야 한다. 그러기 위해서는 우리는 먼저 자신에 대한 전문가가 되어야 한다.

필자는 자신에 대한 전문가를 포함한 보험 세일즈의 전문가적 자질을 향상하려면 바로 '3장'을 잘 해야 한다고 강조한다. 그 '3장'은 다음과 같다.

※ 전문가적 자질 향상 비법 3장

1. 장기적인 계획

13차월 보험설계사 정착율은 생명보험사와 손해보험사 합산 평균 45.4%이다. 등록 인원 중 절반 정도만이 1년 경과된 시점에 보험 세일즈 활동을 하고 있다는 이야기이다. 당신은 1년 후에 무슨 일을 하고 있겠는가?

1년 후에도 살아남기 위해서는 장기적인 계획이나 목표에 집중해야 한다. 보험 세일즈는 보험설계사 자격증을 취득한 후 일정 교육을 수료하면 바로 성과를 내야 하는 현실적인 어려움이 있다. 이럴수록 장기적인 계획과 목표를 수립하여 실천하는 것이 중요하다. 장기적인 학습계획과 목표는 조기성과 창출 등 현실적인 어려움을 극복할 수 있는 좋은 정신적 도구가 될 수 있다. 성공하는 이들은 멀리 본다.

성공은 빠르고 높은 성과를 내는 것도 중요하지만, 지속적인 학습을 통해 스스로 성장하고 있다는 느낌을 갖는 것도 중요하다. 또한 변액 자격, AFPK, CFP, 생애설계 등 다양한 보험금융 자격증 취득을 위한 장기적인 학습계획을 수립하고 보험 세일즈를 시작한다면 성공뿐만 아니라 성장을 통하여 큰 성취감을 느낄 수 있다.

2. 장미의 가시는 되지 마라

"고객은 자격증을 가진 보험설계사를 원하지 않는다. 대신 자격을 가진 보험설계사를 원한다. 그 자격은 고객에게 도움을 줄 전문성과 고객의 이야기와 삶을 공감하고 꾸준하게 관계를 맺어갈 자세이다."

겉으로는 좋고 훌륭해 보여도 남을 해롭게 할 수 있다. 전문자격증이 장미의 가시가 되지 않도록 조심해야 한다. 자격증 취득은 고객에게 최적의 컨설팅을 제공하여 더 큰 행복으로 안내하기 위함이다. 그런데 자격증의 피상적인 내용만을 기준으로 컨설팅을 하다 보면 고객의 내면적인 부분을 고려하지 못하거나 안 함으로써 컨설턴트 중심으로 컨설팅을 하는 경우가 있다. 그러다 보면 아무리 자격증이 많아도 실패할 수밖에 없다.

전문자격증을 갖고 성공하려면 보험 세일즈에 대한 진정성을 갖춰야 한다. 자기 스스로를 알고 자신 내면의 생각과 감정, 가치관 등에 일치되도록 행동하는 것이 진정성이다. 보험의 참된 의미를 교육과 경험을 통해 학습하고, 보험의 선한 가치관을 마음으로 새길 수 있다면 고객 중심의 진정성 컨설팅이 가능하다.

3. 장점에 집중하라

남과 비교해서 남보다 더 나은 부분을 찾는 강점과 달리 장점은 지금 당장 스스로 체크하여 발견할 수 있다.

"나는 시간약속을 잘 지킨다. 나는 사람 만나는 것을 좋아한다. 나는 정리정돈을 잘한다. 나는 독서를 좋아한다. 나는 낯선 곳을 가는 것을 좋아한다."

이런 식으로 나를 살펴보면 누구나 장점을 찾을 수 있다. 이 장점은 보험 자격증 취득과 성과 향상에 긍정적인 영향을 준다.

시간 약속을 잘 지킨다는 장점은 학습 시간을 준수하여 학습 효과를 극대화할 수 있고, 고객과의 약속을 잘 지키는 것은 고객의 신뢰를 얻어 긍정적인 성과를 얻을 수 있다. 이런 기초를 통해 장점을 발휘하면 그것이 보험 세일즈의 강점으로 자리잡게 된다.

보험 세일즈를 시작할 때 남과의 치열한 경쟁을 통해 얻게 되는 강점보다는 지금 당장 누구나 찾을 수 있는 장점을 아는 것이 보험 세일즈의 성과나 자격증 취득에 대단히 긍정적인 영향을 미친다.

"나의 장점은 무엇인가?"

지금 당장 자신의 장점을 하나만 적어보자. 이러한 질문에 대한 짧은 답이 전문자격증 취득을 위한 시작이고, 고객으로부터 인정받을 수 있는 단초가 되고, 행복한 성공으로 가는 기회가 된다.

☞ **信의 한 수 | 성공은 셀프지 헬프가 아니다. 스스로 코칭해 보자.**

Lesson 3

보내이션(BoNation)을 아시나요?

남을 행복하게 하는 것은 향수를 뿌리는 것과 같다.

뿌리는 자에게도 그 향이 묻어나기 때문이다.

- 탈무드

길을 가다 낯선 사람이 길을 물어올 때 친절하게 말해주고 뿌듯함을 느꼈던 경험이 있을 것이다. 이처럼 누군가에게 친절을 베풀고 도움을 줄 수 있다는 건 큰 행복이다. 세계 갑부 빌게이츠는 기부를 많이 하는 사람으로도 유명하다. 길을 가르쳐주는 작은 친절에서도 큰 행복감을 느끼는데 빌 게이츠처럼 거금을 기부한다면 분명 더 큰 행복감을 느낄 수 있을 것이다. 어쨌든 친절이든, 거금이든 누군가에게 필요한 것을 기부한다는 것은 행복한 일이다.

〈더 나은 미래〉가 공동 모금회와 함께 '대한민국 명예기부자'에 이름을 올린 아너소사이어티(Honor Society : 사회 복지공동 모금회에 1억 원 이상 기부한 국내 최초 고액 기부자 모임) 150명에게 나눔의 의미와 이유를 물었다. 그 결과 나눔이란 삶의 가장 행복한 일이라고 답한 사람(59명)의 비중이 가장 높았다. 그리고 함께하는 사회의 작은 씨앗이고 당연한 일이며, 평생 실천하는 것이라고 답한 사람들도 많았다. 자신의 행복을 누군가에게 나누어 함께할 수 있게 만드는 행동이 자신에게도 행복감을 높여준다는 것을 알 수 있다.

실제로 기부 등 누군가에게 도움을 주었을 때 전두엽의 '무릎밑 영역'을 자극하여 옥시토신 호르몬이 분비되며, 사회적인 유대감과 행복을 느끼게 한다고 한다. 기부가 도덕적인 자기 만족감, 자존감, 행복감이 높이는 나를 위한 행동인 것임을 알 수 있다.

보내이션은 보험을 통한 기부활동을 강조하기 위해 필자가 만든 신조어다. 보험(Bohem) +기부(Donation), 즉 보험을 통한 기부를 의미한다. 필자는 보험 세일즈로 사회적 기능을 수행하는 것 자체가 최고의 기부활동이라 본다. 보험 컨설턴트의 작은 행동 하나가 사회를 더 나은 곳으로 안내하는 행동이다. 요즘은 환자 대부분이 병원 치료와 함께 의료실비 보험 처리를 당연한 것으로 생각한다. 자동차 보험은 의무 가입하게 되어 있고, 의료실비 가입자가 2017년 11월 기준으로 78%나 되기 때문이다. 그러니 보험자격 시험을 준비하는 과정은 이런 이들에게 꼭 필요한 보험실무 능력을 기부해서 얻을 수 있는 행복을 찾아가는 길이라는 자부심으로 임해도 좋겠다.

자동차 사고가 났을 때 가족보다는 보험회사에 먼저 전화를 하거나, 원치 않는 병 진단을 받게 된 환자들은 정신적인 충격과 함께 경제적인 고민으로 보험 설계사를 찾게 된다. 이때 누구는 '가장의 죽음'이라는 현실을 온전히 받아들일 수 없을 것이다. 가족의 정신적,

경제적 충격은 말로 다 표현할 수 없을 것이다. 하지만 경제적인 충격을 보완할 수 있는 누군가의 도움이 있다면 충격을 슬기롭게 극복할 수 있고 보험이 그 역할을 할 수 있다. 기부는 도움이 필요한 누군가에게 자발적으로 도움을 주는 것이다. 보험은 도움이 필요한 자신에게 스스로 도움을 주는 시스템이다. '필요한 도움'을 기준으로 보면 타인에게 하는 기부활동과 고객 스스로에게 도움을 주는 보험 세일즈 활동의 의미는 같다고 할 수 있다. 그런 의미에서 보험 세일즈는 타인이 아닌 자신에게 하는 적극적인 기부활동인 셈이다.

보험회사에서는 1주간 2건의 종신보험을 판매했을 때 2W라는 의미를 부여한다. 종신보험 1건의 사망보험금을 1억 원이라고 가정했을 때 1주에 2건이라는 것은 2억 원이라는 보험금을 가족에게 지급한다는 의미이다.

1년은 52주이므로 2건(2억)×52주=104억 원, 즉 2W를 52주간 달성했을 때 104억 원의 보험금을 고객 가족에게 지급하는 것이다. 이것은 보험 세일즈를 통해서 52주 동안 매주 종신보험 2건(1건 보험금 1억 기준)을 달성하는 것은 104억 원의 보험금이자 기부금을 가족과 사회에 기여하는 것이다. 이 얼마나 큰 행복감을 느낄 수 있는 기부행위인가? 보험은 사회에 기여할 수 있는 인류 최고의 발명품이다.

"월 3만 원을 후원하시면 어린이 29명에게 영향실조 치료식을 전달할 수 있다."

유니세프 코리아(unicef.korea)의 공식 홈페이지 첫 장이다. 3만 원의 의미는 누군가에게는 작은 금액일 수 있지만 누군가에게는 살아갈 수 있게 만드는 위대한 금액이다. 세상을 더 이롭고 더불어 행복할 수 있게 누군가를 돕는 방법은 금전적인 기부를 포함하여 수없이 많다.

기부를 어떻게 할 것인지 머뭇거리면서 내가 할 일은 아니라고 생각하면서 다음으로 미룬 경험이 있을 것이다. 기부는 방법이나 절차, 대상을 먼저 고민하는 것보다 지금 내가 나눌 수 있는 작은 실천을 즉각 하는 것이 더 우선이다.

보험 세일즈도 마찬가지다. 보험 세일즈 하면 보험 상품 판매를 가장 먼저, 그리고 가장 부담스럽게 생각한다. 하지만 누구나 보험 상품 판매 이전에 할 수 있는 것들이 많다. 고객에서 친절하게 대하기, 고객의 고민을 들어주기, 실질적인 문제를 해결해 주기 등이 모두 위대한 보험 기부의 하나가 될 수 있다. 도움을 필요로 하는 이에게 도움을 주는 것은 큰 행복이다. 보험 세일즈를 '보내이션'이라고 하는 것이다.

보험 세일즈는 '보내이션'으로 개인과 사회의 행복에 기여할 수 있다. 그렇다면 '보내이션'을 잘 하려면 어떻게 해야 할까? 필자가 제시하는 것은 3상(想)이다.

※ 보내이션을 잘 하기 위한 3상

1. 상(想), 거절에 대한 긍정적인 생각

보험 세일즈에서 가장 힘든 것은 거절이다. 특히 지인으로부터 거절을 받을 때는 상처를 크게 입는다. 이 거절 때문에 보험 세일즈를 그만 두는 이들이 많다. 하지만 거절은 고객의 입장이 되면 당연한 일이다. 보험 세일즈는 이 거절을 당연한 것으로 여기고, 어떻게 하면 거절을 긍정으로 바꿔놓을지를 생각해야 한다. 고객이 "NO!"라고 했을 때 얼른 이것을 뒤집어 "ON!"으로 받아들일 수 있어야 한다.

거절은 '기분 나쁨, 좌절, 자존심 상함, 하지 말자, 나는 안 돼'라는 부정의 감정을 떠오르게 한다. 뇌는 단어를 통한 이미지 연상 기능에 반응하기 때문이다. 그래서 내가 쓰는 부정적인 단어에 뒤따라오는 부정적인 감정을 끊기 위해서는 먼저 부정적인 단어를 긍정으로 바꿔야 한다.

예를 들어 고객이 "나는 보험이 필요 없으니까 가입하지 않겠다."고 했다면 그것을 '고객이 거절했다'고 생각하지 말고, '고객이 보험의 필요성을 느끼지 않고 있다'는 사실로만 받아들여야 한다. 이러면 보험이 필요 없다는 고객에서 필요하게끔 이해시키기 위한 배움이 일어난다. 그 배움은 고객에게 보험의 필요성을 설명할 수 있는 기회를 제공한다. 그러다 보면 고객을 대하는 태도에서 지금보나 훨씬 뛰어난 성장을 이룰 수 있다. 그런 성장을 통해서 고객으로부터 인정받을 수 있는 보험 세일즈를 완성할 수 있다.

2. 상(想), 100억 원 기부에 대한 생각

"어떤 사람이 종신보험에 가입하겠습니까?"

강사의 질문에 이렇게 답한 적이 있다.

"보험료 납입 능력이 있고 보험 가입 기준을 충족한 건강한 사람입니다."

그런데 강사는 의외의 말을 이어갔다.

"착한 사람이 종신보험에 가입합니다."

강사의 해석은 종신보험에 가입하는 사람은 지금 상황은 어려울 수 있지만 자신보다 가족을 위해 가입하는 사람이기에 착한 사람이라는 것이었다.

지금부터 정신적인 슬픔을 배제하고 경제적인 부분으로만 가장의 사망을 한번 생각해 보자. 만약 가장이 사망하여 1억 원이라는 사랑 유산, 즉 보험금을 남겼다면 남은 가족의 마음을 어떤 식으로 표현할 수 있을까? 슬픔이야 줄어들지 않겠지만 그래도 가장의 부재로 인한 경제적인 단절, 자녀 학업의 단절, 희망의 단절 등 수많은 단절들로부터 조금은 벗어날 수 있는 마음의 평화가 자리잡게 될 것이다.

"보험 세일즈를 시작하면서 1년에 100억 원에 달하는 기부활동이 가능하다면 보험 세일즈는 어떤 의미일까요?"

보험 세일즈의 자부심을 가지라고 강의 현장에서 수시로 던지는 질문이다. 참고로 2019년 1월 국내 1위 배달 앱인 배달의 민족이 100억 원을 기부했다. 종신보험금 1억 원 계약을 월 10건 내외씩 1년간 판매한다면 1년에 100억 원 이상을 기부하는 컨설턴트, 다른 의미로는 배달의 민족이 기부하는 정도를 기부하는 컨설턴트가 되는 것이다.

S보험사의 사망보험금 조사에 의하면 보험금 평균이 2,995만원이라고 한다. 우리가 해야 할 일과 할 수 있는 일은 아직도 많다는 것을 보여준다. 컨설턴트의 컨설팅이 필요한 가정이 아직도 많다는 것을 의미한다. 그런 컨설팅을 실천하는 보험 세일즈 도전은 무모한 도전이 아닌 무한대의 기부를 위한 위대한 도전이 될 것이다.

3 상(想), 거울뉴런의 활용

상대방이 하품을 하면 자신도 모르게 하품을 따라 한 경험이 있을 것이다. 슬픈 영화를 보며 눈물을 흘리고, 상처 입은 사람을 보면 자신이 다친 것처럼 느끼는 경우도 있을 것이다. 그것은 사람의 뇌에 타인의 행동을 거울처럼 반영하는 신경 네트워크인 '거울뉴런'이 있기 때문이다.

보험 세일즈를 하는 사람이 편안한 표정으로 고객을 대하면 거울뉴런에 의해 고객 또한 편안해지기에 이때 상품을 설명하면 높은 성과를 올릴 수 있다.

사람의 뇌는 참과 거짓을 합리적으로 구분하는 능력이 떨어진다. 가짜로 웃더라도 뇌는 진짜로 웃는 것으로 착각한다. 복이 와야 웃는

지, 웃어야 복이 오는 것인지는 중요하지 않다. 어떻게든 웃는 것만으로 뇌는 행복을 느낀다.

보험 세일즈를 통해 얻고 싶고, 갖고 싶고, 하고 싶은 것들을 선택하고 그것이 달성되면 어떤 모습인지 상상하면 꿈을 이룬 사람의 밝은 미소가 자신 얼굴에도 나타나기 마련이다. 그 얼굴로 고객을 대하면 고객은 이미 나를 성공한 컨설턴트로 받아들이게 된다.

보험 세일즈는 공인 자격증과 전문 자격증을 취득함으로써 개인 비지니즈 차원을 넘어 공적인 인정을 받는 사회적 사업이다. 사랑의 안전장치를 고객 스스로 준비하고, 고객 자신에게 기부활동을 할 수 있도록 안내하는 행복한 비즈니스이다. 내가 기쁘고 즐겁게 대해야 고객도 나와 똑같이 나를 대한다는 것을 염두에 두고, 항상 거울뉴런을 생각하면 이미 성공의 길로 들어섰다고 볼 수 있다.

지금 당장 거절이라는 산을 두려움이 아닌 배움과 성장의 기회로 삼아, 매년 100억 원의 사랑유산(보험금)을 사회로 기부하는 위대한 여정을 시작해 보자.

"나이가 들수록, 우리에게 손이 두 개가 있다는 것을 깨닫게 될 것이다. 하나는 자신을 돕고, 다른 하나는 다른 사람들을 돕는 데 쓸 수 있다."

오드리 햅번의 말처럼 한 손으로는 공적인 인정과 사회적 기여를, 한 손으로는 개인의 성장을 통해 이 세상을 더 나은 곳으로 안내하는 보험 세일즈야말로 정말 가치 있는 직업이다.

☞ **信의 한 수 | 나도 기부왕!**

당신도 기부할 수 있다. 기부할 리스트를 작성해보자.

Lesson 4

윤리 경영과 윤리 영업

깊이 생각하면 할수록 새로운 놀라움과 경건함을 주는 것이 두 가지가 있느니,

하나는 내 위에서 항상 반짝이는 별을 보여주는 하늘이며,

다른 하나는 나를 항상 지켜주는 마음속의 도덕 법칙이다.

- 칸트

기업의 이미지는 구매를 결정하는 데 가장 기본적이고 중요한 기준이다. 기업의 이미지를 결정하는 조건은 시대나 개인에 따라 다르겠지만 '윤리적 기준'은 크게 다르지 않다. 기업은 이윤 추구가 가장 큰 원초적인 목표다. 이때 고객으로부터 두터운 신뢰를 얻는 윤리적인 기업이라면 더 큰 이윤을 추구할 수 있을 것이다. 그래서 기업은 윤리경영이라는 가치를 중요하게 여긴다.

신뢰를 기반으로 고객 중심의 컨설팅을 하는 윤리적인 컨설턴트에게 고객이 보험을 가입하고 싶은 것은 인지상정이다. 그러므로 윤리적인 이미지는 보험 세일즈에도 성공여부의 절대적인 기준으로 자리잡고 있다.

타이레놀로 유명한 존슨앤존슨(Johnson & Johnson)은 윤리경영

의 원조로 불린다. 1982년 타이레놀 복용자 사망 사건 발생(미국 시카고) 이후 존슨앤존슨은 타이레놀을 전량 회수하고, 소비자와 의료기관을 상대로 신속한 주의경보를 전달하는 등 '투명성이 최선(Transparency is the best policy)'이라며 즉각 행동으로 옮겼다. 또한 '타이레놀을 절대 복용하지 마십시오.'라는 광고를 통해서 소비자의 피해 해소를 위해 적극적으로 대처하는 등 단기 이익보다는 소비자의 안전과 권익을 먼저 생각하는 윤리경영의 모범을 보여주었다.

"소비자의 안전에 비하면 이익은 아무것도 아니다."

당시 CEO였던 제임스 버크의 말은 그를 존경받는 기업인 중 한 명으로 올려놓았다. 1886년 설립된 존슨앤드존슨은 '윤리경영', '기업의 사회적 책임'이라는 용어가 생겨나기도 전인 1943년에 '우리의 신조(Our Credo)'라는 헌장을 공식 채택할 정도로 윤리를 중시해온 기업이다. 그리고 지금까지 위기상황에 닥쳤을 때 단기 이익에 급급하기보다는 윤리를 우선으로 철저한 원인 규명을 함으로써 장기적 이익을 창출해내고 있다.

보편적으로 구매를 할 때는 '구매의 필요성 인식 → 정보수집 → 대안평가→ 구매결정 및 결과의 평가'의 단계를 거친다. 이때 구매의 전(全)단계에서 가장 중요한 기준은 무엇일까? UBS 설문조사에 의하면 소비자의 69%가 착한 기업에 소비하겠다고 한다. 반대로 71%가 환경, 지배구조 등에서 부정적인 평가를 받는 기업의 제품은 의식적으로 사지 않겠다고 한다. 이를 바탕으로 2019 다보스 포럼에서 UBS 악셀 베버(Axel Weber)회장은 "소비자들의 윤리적 소비 패턴 강화로 인해 이제 기업들에게 윤리경영은 선택이 아닌 필수가 됐다"고 강조했다.

생명·손해보험협회는 보험 세일즈의 윤리적인 부분을 강조하기 위해 '보험회사 및 영업행위 윤리준칙'을 제정하여 시행하고 있다. 보험회사, 보험모집 종사자의 영업에 대한 윤리의식을 높이고 소비자의 권익을 보호하기 위한 조치다. 윤리준칙의 내용은 소비자의 정보 불균형 해소, 성과 평가, 모집질서 개선, 합리적 분쟁해결 프로세스 구축, 보상체계의 적정성제고, 영업행위 내부통제 강화 등을 포함하고 있다. 윤리준칙의 실효성 향상을 위하여 보험설계사 자격시험에 2~3개 문항을 추가하고, 설계사 등록 후 2년마다 받는 보수교육에도 윤리준칙이 추가된다. 보험회사는 윤리준칙을 내부통제 기준으로 만들고 임직원, 영업현장조직 대상 교재에 반영하기로 했다. 레지나 베도야 MDRT 회장은 고객들로부터 신뢰받을 수 있는 전문가로 인정받기 위해서는 보험설계사의 높은 수준의 윤리규범 준수를 강조하면서, 실천방법으로 MDRT 윤리강령을 실제 보험 세일즈 활동에 반영해야 한다고 조언했다. 더구나 지금처럼 무한경쟁의 디지털 대변혁기를 맞은 보험 세일즈도 높은 수준의 윤리규범의 준수가 생존과 성장의 필수 조건임을 알아야 한다.

이제 윤리영업을 준수하기 위해서는 〈윤리영업 BCD〉를 실천해야 한다.

※ 윤리영업 BCD

1. Belief(신뢰)

아는 것보다 믿는 것이 더 중요한다. 상식(常識)이 상식(上識)이다. 보험 세일즈는 대단히 상식(常識)적인 비즈니스다. 어떤 일을 하던 관련법을 준수하고, 소비자 권익을 최우선으로 정당하게 일을 추진하는 것이 상식이다. 보험영업의 윤리 준칙 내용을 요약하면 '보험 법규를 준수하고, 보험소비자 권익을 최우선 가치로 두며, 정당한 방법으로 활동하는 것'이다. 누구나 일반적으로 알 수 있는 상식적인 내용이지만 필수적으로 준수해야 하기에 보험모집인 자격시험에도 출제가 된다.

일반적으로 상식(常識)적인 윤리준칙을 대단히 수준 높은 상식(上識)으로 인정하고 보험 세일즈를 시작해야 한다. 간혹 실적 중심의 보험 세일즈에 묻히게 되면 윤리적인 보험 세일즈와 먼 길을 가게 된다. 하지만 윤리적인 보험 세일즈에 대한 강한 믿음이 근간이 된다면 시간은 길리겠지만 그것이 더 큰 실적을 올려주게 될 것이다.

윤리적인 보험 세일즈에 대한 믿음을 강화하기 위해 보험의 소중함을 스스로 인식하는 Base Mind, 최적의 컨설팅을 제공하기 위해 자기계발에 힘쓰는 Best Mind, 그리고 보험이 고객의 가족을 지켜줄 것이라는 Big Mind를 반복적으로 생각하고 실천하는 것이 중요한다.

2. Consulting(컨설팅)

수익자 입장에서 컨설팅이 이뤄져야 한다. 보험 세일즈는 수익자와 고객이 다른 경우가 많다. 가장이 생명 보험을 들었다면 고객은 가장이지만, 수익자는 보험금을 수령하는 가족인 것이다. 즉 수익자는 나중에 혜택을 받는 고객이라고 할 수 있다. 보험 측면에서 고객의 입장을 바라보면 현재의 입장과 미래의 입장이 있다. 현재는 보험을 가입하기 어려운 입장인데, 미래의 입장에서 생각하면 보험을 가입하고 싶을 것이다. 고객은 현재와 미래 입장 사이에서 보험 가입을 주저하거나 갈등하게 된다. 그것을 조율하고 조정하는 컨설팅이 보험 세일즈다.

예를 들어 가장인 계약자의 현재 입장은 보험 가입이 여의치 않지만 수익자가 자녀라고 생각하면 지금의 상황을 최대한 조율하고 조정할 것이다. 조율과 조정을 통해 가장인 계약자는 미래의 행복한 입장을 상상하게 되고, 행복한 상상은 지금 당장 마음의 평화를 가져올 것이며, 현재의 일에 더 충실할 수 있을 것이다. 고객이 현재의 입장을 이해하고 미래의 입장을 행복하게 상상하며 현재에 집중할 수 있도록 조율하고 조정하는 것이 맞춤 컨설팅이다. "그 사람의 신발을 신고 오랫동안 걸어보기 전까지는 그 사람을 판단하지 마라"는 인디언 격언이 있듯이 고객 입장에서 생각하고 행동하는 것이 중요하다.

3. Don't hurry(서두르지 말기)

　서두르지 말아야 한다. 보험 세일즈는 시간의 예술이다. 보험 가입 즉시 보장을 받을 수 있는 상품이 있는가 하면 암보험 등의 경우 가입 후 90일 이후부터 보장받는 등 시간에 따라 다양한 기능을 발휘하는 것이 보험이기에 고객은 지금 당장 보험을 가입하는 것을 회피할 수 있다. 이때 컨설턴트가 조급증을 보이면 고객과 이해관계가 충돌함으로써 아예 보험에 대한 니즈 자체가 없어져 버릴 수 있다. 그래서 장기적인 관점에서 고객의 성향이나 조건의 변화에 따라, 고객 시간에 맞춘 최적의 컨설팅을 해야 한다. 서두르지 말아야 한다.

　물론 마감에 대한 부담감으로 보험영업 윤리준칙을 헤치는 경우가 종종 있다. 하지만 성공은 개인에 따라 다를 수밖에 없다. 단기간의 시간에 얽매이지 말고 장기적인 목표와 일을 하는 이유인 목적을 확인하여 보험 세일즈를 시작해야 한다. 한정된 시간에 쫓겨 시간에 얽매이는 활동보다는 장기간 노력에 대한 결과를 창출해야 한다. 결코 서두르지 말고 천천히 해나가야 한다.

　행복한 보험 세일즈는 고객의 입장을 고려하고, 고객의 권익을 보장하기 위한 윤리적인 영업을 실천해야 한다. 윤리적인 영업에 대해 아는 것보다는 믿을 수 있도록 신뢰(Belief)를 주고, 고객의 입장에서 컨설팅하기 위해 수익자를 고려한 컨설팅(Consulting), 서두르지 않고 (Don't hurry) 활동하는 윤리영업 BCD를 항상 가슴에 새겨야 한다.

라이프 코치 시대

코칭은 한 개인이나 그룹을 현재 있는 지점에서 그들이 바라는 더 유능하고
만족스러운 지점까지 나아가도록 인도하는 기술이자 행위이다.

- 게리 콜린스

"나 외로워!"

이렇게 마음을 표현할 수 있다는 것은 건강하다는 증거다. 세상에는
말로 표현하지 않거나 못하는 사람이 더 많다. 이렇게 표현도 하지 못
하고 스스로 해결하기 어려운 일이 닥쳤을 때 외로움은 배가 된다.

그 때 우리는 친구를 찾는다. 나이가 들어갈 수록 외로움이 더 커진
다. 나이 속도로 친구 숫자도, 만남도, 관심도 줄어든다. 진정한 친구
한 명만 있어도 성공한 인생이라는데 나이를 먹을수록 친구를 만나기
가 어렵다. 나이나 지위 고하를 막론하고 터놓고 진솔하게 애기하기
가 참 어려운 시대를 살고 있다. 참 외로운 세상이다.

라이프 코치는 만족스러운 '생활'을 할 수 있게 이끌어주는 전문가
다. 컨설턴트는 사랑하는 가족의 지금과 미래, 희로애락과 생로병사,
그리고 다음 세대까지도 가족을 사랑으로 이어가도록 컨설팅한다. 고

객이 마음의 평화를 갖고 현재 생활에 충실할 수 있도록 안내하는 라이프 코치 역할을 수행한다. 일상이 행복해짐으로써 사회가 더 행복해지도록 도움을 주는 라이프 코치는 앞으로 사회적으로 그 역할을 인정받을 것이다.

코칭은 개인의 장점을 끌어내고, 스스로 느끼는 장애나 한계를 극복하여 능력을 발휘할 수 있도록 이끌어준다. 모든 사람은 무한한 잠재력이 있고, 필요한 해답은 그 사람 내부에 있으며, 답을 스스로 찾을 수 있도록 돕는 게 코치의 역할이다.

한국 코치협회 김재우 회장은 "미국에선 포춘 500대 기업 CEO 중 절반이 직접 코칭을 받는다."며 코칭의 중요성을 강조했다. 특히 구글 회장 에릭 슈미츠는 미국 경제잡지 포춘과 인터뷰에서 2009년 자신이 들은 인생 최고의 조언으로 "코치를 고용하라"를 꼽았는데 "처음엔 콧방귀 뀌었지만, 나도 몰랐던 내 모습을 발견하고 시야를 넓힐 수 있었다"며 코칭의 중요성을 인정했다.

코치는 문제를 직접 해결해주는 사람, 즉 헬퍼(Helper)가 아니라, 상대방 스스로 해결할 수 있도록 지원하는 서포터(Supporter)다.

누구나 살아가면서 크고 작은 힘든 상황을 맞이하게 된다. 스스로 해결하기 힘들 때는 체계적이고 효율적인 방법을 찾아야 한다. 즉 더 나은 선택을 하기 위해 전문가를 찾는 것이다. 라이프 코치는 대인관계나 자신감, 경력, 일과 삶의 균형 등의 분야에 걸쳐서 자신의 상황을 스스로 제어할 수 있도록 지원하는 전문가다. 라이프 코치의 코칭은 인정, 칭찬, 지지, 격려 등의 방법으로 개인 스스로 문제를 해결할 수 있도록 자신감과 의욕을 고취시킨다. 잠재력을 발휘하도록 돕고 개인의 삶의 질을 향상 시킬 수 있도록 적극적으로 돕는다. 개인의 잠재능력을 발견해 강화해주고 동기부여를 해주는 라이프 코치야말로 인생의 동반자라고 할 수 있다.

보험설계사는 1990대까지만 해도 보험 모집인, 생활설계사로 호칭했다. 지금은 사회 환경 변화에 따라 FC개념을 적용한 호칭이 주를 이룬다. FC란 재무((Financial)와 컨설턴트(Consultant)를 합친 것으로 보험설계사가 보험 판매와 더불어 고객의 저축과 투자, 세제와 관련한 금융전반에 대한 종합자산설계를 지원하는 전문가라는 것을 의미한다.

컨설팅을 포함하여 전(全)생애에 걸쳐 재무플래닝을 제공하는 의미로 FP(Financial Planner), 회사의 특성을 반영한 FSR(Financial Services Representative), MP(Master Planner), RC(Risk Consultant) 등 다양하게 쓰인다. 각 호칭의 공통점은 금융 전반의 종합자산설계와 생애 전반에 걸친 재무 플랜 제공으로 요약할 수 있다. 이러한 컨설턴트의 컨설팅과 플래닝 기능은 고객의 입장에서 바라보면 전(全)생애에 걸친 종합자산설계를 원하는 고객의 니즈를 반영한 결과이다.

이제는 컨설턴트도 제4차 산업혁명 시대에 맞춰 역할이 바뀌어야 한다. 생애설계 컨설팅 역량을 갖춰야만 한다. 재무전문가에서 인생

설계상담가로, 재무설계에서 생애설계컨설팅으로, 그리고 100세 시대의 행복한 인생과 관련한 제반 상담을 할 수 있는 라이프 플래닝 코치로 역할로 바뀌어만 한다. 앞으로 조언자, 코치, 인생 상담가 역할로서 인생자금 설계 프로세스를 폭넓게 제시할 수 있는 라이프 플래닝 코치(Life Planning Coach) 전문자격증 신설이 필요하다.

제4차 산업혁명은 상상 이상의 속도로 진화되어 우리 생활 깊숙이 자리 잡고 있다. 보험 세일즈 역시 고객의 니즈 변화에 따라 컨설턴트의 다양하고 차별화된 역량이 필요하다. 지금은 보험자격시험을 준비하는 시기이기에 코치관련 자격증을 취득하는 등 전문코치 교육을 받을 수는 없다. 하지만 해결책이 있다.

※ 전문 코치 3C 전술

1. 커뮤니케이션(Communication) 능력을 키우자

보험 세일즈는 사람과 사랑을 이어주는 활동이다. 고객과 가족을 사랑으로 이어주기 위해서는 상품지식도 중요하지만 고객과 소통할 수 있는 커뮤니케이션 능력이 더 중요하다. 초연결(Hyper-connected) 시대, 즉 사람, 프로세스, 데이터, 사물 등을 포함한 모든 것이 인터넷으로 연결되어 있다. 보험 세일즈는 고객과 사랑을 연결하기 위해 인터넷이 아닌 질문과 경청, 그리고 피드백으로 연결되는 비즈니스에 의해서 성과가 좌우된다고 해도 과언이 아니다. 커뮤니케이션은 말을 하는 사람과 말을 듣는 사람의 관계기술이다. 고객과 대화를 통해서 보험 니즈에 대한 공감대를 형성하고 원하는 보험을 선택할 수 있도록 묻고 듣는 대단히 중요한 관계기술이다.

인간은 커뮤니케이션 능력을 갖고 태어난다. 그만큼 잘 듣고 잘 묻고 반응을 표시하는 것은 쉬운 일이다. 지금부터 의식적으로 자신에게 묻고 답하면서 상대방의 말에 경청의 증거를 표시하면 보험 설계사 자격시험 합격은 물론이고 보험 세일즈를 성공으로 이어갈 수 있다.

2. 캐릭터(Character)를 찾자

보험 세일즈를 두려워하는 사람들 대개 자신이 갖지 못한 것을 부러워한다. 특히 말재주와 외모가 그것이다. 하지만 말주변과 외모는 별로지만 고객의 말을 잘 들어주는 마음 따듯한 컨설턴트가 성공하는 경우가 많다. 자신만의 특징이나 장점을 더욱 더 키워나가는 것이 성공하는 컨설턴트의 밑거름이 된다는 것을 일깨워준다. 누구나 자신의 캐릭터를 독창적으로 살리면 성공할 수 있다. 자신만의 영역을 차별적으로 구축하여 성공하는 'Only 1' 시대에 맞게 나만의 캐릭터를 살려야 한다. 그러려면 자신의 장점이나 특징을 알아야 한다. 스마트폰을 활용하면 '디스크(DiSC)나 에니어그램' 등의 어플을 다운 받아 자신의 기질이나 성향을 파악할 수 있다. 지금은 '구글' 등 검색 사이트를 통해 자신의 유형을 자세하게 알 수 있다. 이렇게 나만의 특징을 찾으면 나만의 캐릭터를 찾는 데 많은 보탬이 된다.

3. 꼴라주(Collage)를 하자

학창시절에 색종이나 사진 등의 조각을 오려 붙여 그림을 완성해본 경험이 있을 것이다. 꼴라쥬(Collage)기법이다. 꼴라쥬 기법을 활용하여 미래에 '하고 싶고, 갖고 싶고, 되고 싶은 것'들에 대한 이미지를 한 장에 오려 붙여보자. 나만의 'Dream 꼴라쥬'를 매일 보고 느끼면서 전문 코치가 되는 꿈을 키워 나갈 수 있었다.

자신의 다양한 경험들을 꼴라쥬 한다는 것은 다양한 것을 한 곳에 모은다는 의미다. 예를 들어 가정주부이면서 유치원 교사 경험이 있다면, 가정주부로서 가족의 소중함을 누구보다 더 실감할 수 있는 장점을, 유치원 교사로서 아이들에게 진솔하게 다가가는 장점을 활용하면, 가정주부와 유치원 교사 경험을 하나로 꼴라쥬해서 보험을 판매할 때 가족의 소중함을 진솔하게 결부시켜 설득력을 높일 수 있다. 취미생활과 보험 세일즈를 꼴라쥬 하는 경우도 있다. 뜨개질을 취미로 하는 컨설턴트가 있었는데 고객 판촉물로 뜨개질 작품을 활용해서 성공한 사례다.

지금은 융복합 시대다. 이질적인 것들이 모여서 새롭고 이상적인 것들을 만들 수 있다. 보험 세일즈를 시작하는 사람들에게는 꼴라쥬가 최상의 무기가 될 수 있다. 자신의 경험에서 얻은 장점을 꼴라쥬하면 최고의 시너지를 얻을 수 있다.

과거에는 보험 지식과 경험을 요구했다면 이제는 컨설턴트의 경험이나 취미, 관심사들이 융복합된 종합적인 컨설팅을 요구하고 있다.

누구나 언제든지 지금까지 가진 것만을 가지고도 보험 세일즈에 도전할 수 있고 성공할 수 있는 꼴라쥬 시대다. 자신의 경험이나 취미, 관심사에 대해 좀 더 깊게 생각하여 조합하고 보험 세일즈 교육을 받는다면 더 나은 성과를 얻을 수 있다.

시를 좋아하는 사람은 고객에게 핵심적인 내용을 짧은 말로 의미 있게 설명할 수 있다. 그리고 음악을 좋아하는 사람은 고객과의 상담에 적합한 음악을 선택하여 들으며 상담할 수 있다. 미술을 좋아하는 사람은 미술품을 통해서 보험에 대한 소중함을 차별적으로 설명할 수 있다. 자신이 경험했거나 다양한 관심분야를 꼴라쥬하는 능력은 다양한 고객을 라이프 코칭할 때 소중한 자원이다. 자신만의 영역을 보험 세일즈와 꼴라쥬 할 수 있다면 성공은 여러분의 미래가 아니고 현실이 될 것이다.

컨설턴트가 해결해야 할 문제가 더 많아지고 복잡해지는 시대에 고객에게 삶의 동반자로서 라이프 코치 역할을 수행한다면 고객의 행복에 긍정적인 큰 영향을 줄 수 있을 것이다. 컨설턴트가 고객의 전 생애에 걸쳐 인생자금 설계 프로세스를 폭넓게 제시할 수 있는 라이프 플래닝 코치(Life Planning Coach)가 된다면 고객의 행복한 100세 시대를 준비할 수 있는 필수적인 동반자가 될 것이다.

Lesson 6

사명감으로 무장하라

온 세계가 무너지더라도 내가 꽉 붙들고 놓을 수 없는 진리,

그것을 위해서 살고 그것을 위해서 죽을 수 있는 신념,

그것이 바로 사명감의 핵심이다.

- 키에르 케고르

보험 세일즈 강의를 끝마치고 나오는데 교육생 한 명이 근심어린 모습으로 상담을 요청했다. 자신은 고객을 만나거나 보험 상품, 금융 지식에 대한 공부는 자신 있는데 거절로 인해 생기는 마음의 상처를 극복할 자신이 없다고 했다. 짧은 상담시간에 다양한 방법을 얘기하기는 어려웠지만 보험 세일즈에 대한 사명에 대해서 설명하고 강조하였다. 그 후로도 몇 번 고비 때마다 상담을 했는데 지금은 성공적으로 보험 세일즈를 하는 컨설턴트로 성장했다.

사명감이란 주어진 임무를 책임 있게 잘 수행하려는 의지나 마음가 짐이다. 나무에 비유하면 뿌리는 자신의 가치관을, 줄기는 사명을, 나뭇가지나 잎은 전략과 전술, 열매는 목표와 비전을 의미한다고 볼 수 있다. 나무의 줄기는 열매를 맺게 하는 중요한 중간역할을 한다. 보

험 세일즈에 대한 사명감도 이처럼 중간역할을 한다. 보험 세일즈의 사명은 최적의 재정컨설팅으로 고객의 최고 행복을 만드는 것이다. 고객들이 마음의 평화를 갖고 행복한 인생을 영위할 수 있도록 사명감으로 무장하여 컨설팅한다면 보험 세일즈는 사회적으로 인정받을 수 있다.

2011년 소말리아 해적에 납치된 삼호 주얼리호 선원을 구출한 아덴만 여명의 작전과 이국종 교수의 실제 사연이 감동적이다. 그는 구조 작전에서 선원들은 구조했지만 정작 자신은 여섯 곳의 총상을 당한 아덴만의 영웅 석해균 선장을 선도적으로 치료했다. 구출 작전 후 석 선장이 치료를 받고 있는 오만으로 이 교수가 급파되었는데 오만에 더 놔두면 사망한다고 판단했다. 그래서 에어 앰뷸런스를 통해 즉시 한국으로 이송할 계획을 세웠으나 전세 비용 약 40만 달러(4억 4000만원)가 문제였다. 설상가상으로 정부 부처와 연락마저도 원활치 않게 되었다. 그 때 이 교수는 이렇게 말했다.

"내 돈이라도 낼 테니 에어 앰뷸런스를 꼭 임대해야 한다."

그의 적극적인 의지로 정부 관련부처의 협조를 얻어(이 교수의 이름으로 빌리되 외교부가 비용지급 보증을 서는 것으로 임대해서 석해균 선장이 무사히 치료받을 수 있었다. 이국종 교수의 사명감이 소중한 삶을 살린 것이다.

"죽는 날, 관 속에 가지고 갈 것은 그동안 치료한 환자의 명부다."

이 교수의 말은 필자가 하는 일에 대한 사명감을 새겨보게 하곤 한다.

보험 세일즈에도 사명감이 있다. 부담스런 치료비 때문에 적극적인 치료를 할 수 없는 사람들에게 희망과 치료, 그리고 건강한 삶으로 되돌려 줄 수 있는 상품 그 이상의 상품이 보험이다.

보험 세일즈는 고객에게 재정적 안정과 마음의 평화를 줄 수 있는 훌륭한 가치가 있음에도 불구하고 때로는 하기 싫고 좌절하며 힘들어한다. 이럴수록 책임감과 사명감이 절실히 필요하다.

캘리포니아 대학교 버클리 캠퍼스의 모튼 한센(Morton Hansen) 교수는 자신이 타인에게 기여하고 있다는 생각과 자신이 하는 일이 더 큰 의미를 가지고 있다는 느낌을 사명감이라고 했다. 그는 사명감이 성과에 어떤 영향을 미치는지 조사하기 위해 열정과 사명감의 관계를 분석했다. 높은 열정에 낮은 사명감을 가진 직원은 20백분위로 낮게 조사되었고, 낮은 열정에 높은 사명감은 64백분위로 압도적으로 높게 조사되었다. 사명감이 열정보다 성과를 높이는 데 더 효과적이라는 연구결과를 보여준다.

※ 사명감으로 무장하기 위한 세 가지

1. 사랑 의식을 강화하라

"나는 가족을 사랑하는가?"
이렇게 스스로에게 물어보라.

"그럼."

당연한 답이 나오면 이제 구체적으로 물어보라.

"가족을 사랑하기 위해 어떤 행동을 했지?"

나름대로 사랑을 실천하기 위해 열심히 살고 있는 모습에 뿌듯한 사람도 있을 것이다. 그러면 한 발 더 나가보자.

"내가 만약 더 이상 가족과 함께 할 수 없는 상황이 된다면 어떻게 사랑을 표현할 수 있을까?"

가족을 사랑한다면 어떤 상황에서도 후회하지 않을 선택을 할 수 있어야 한다. 내가 가족 곁에 있을 때는 답변을 쉽게 선택할 수 있었는데 내가 없을 때라는 상황에서는 선택하기가 쉽지 않았다. 이렇게 답하기 어려운 상황을 사랑으로 감싸주는 것이 보험이다. 보험은 사랑이며, 보험에 가입하는 것은 행동하는 사랑이다.

"나는 가족을 사랑하는가?"

"나는 가족에게 어떤 식으로 사랑을 표현하는가?"

"나에게 불행한 일이 닥쳤을 때도 사랑을 이어갈 수 있는 방법이 지금 있는가?"

"지금 나에게 치료가 필요한 질병이 발생한다면 가족들은 편안하게 지금 같은 일상생활을 영위할 수 있는가?"

"우리 아이들이 꿈을 이룰 수 있도록 어디까지 준비되었는가? 아내를 사랑한다면 어디까지 어떻게 연속할 수 있는가?"

이렇게 사랑의식을 강화하면 보험 세일즈에 대한 사명감은 조금씩 쌓여갈 것이다.

2. 명견만리(明見萬里)를 보라

명견만리(明見萬里)는 만 리 앞을 내다본다는 뜻으로 관찰력이나 판단력이 매우 정확하고 뛰어남을 의미한다. 어떤 일이 일어날 것을 미리 파악할 수 있는 능력이기도 하다. 보험 세일즈에 대한 사명감을 높이기 위해서는 명견만리의 지혜가 필요하다. 고객이 미래에 닥칠 수 있는 불행한 일을 현재로 가져와 보험의 가치에 의미를 부여하는 활동이다. 고객이 지금의 어려운 상황을 극복하는 것과 더불어 멀리 내다볼 수 있는 기회를 제공해야 한다. 이런 열정과 노력을 챙기다 보면 점차 보험 세일즈에 대한 사명감도 높아질 것이다.

"보험 세일즈를 시작해서 고객과의 상담이 행복하게 마무리되었다면?"

"실손보험에 가입한 고객이 질병을 완치하고 보험금을 수령한 것에 대한 감사의 전화를 받은 내 마음은 어떨까?"

"보험 세일즈를 통해 나의 경제적인 목표가 달성되었을 때 내 얼굴 표정은 어떨까?"

"보험 세일즈로 인하여 누군가에게 큰 인정을 받았을 때 내 생각은 어떨까?"

이렇게 명견만리의 상상을 하는 것만으로도 지금 당장 행복해질 수 있다. 사명감으로 보험 세일즈를 쉽게 시작할 수 있다.

3. 감사 거리를 찾아보라

인간의 모든 생각이나 행동은 에너지가 발생한다. 세상 모든 것에 감사의 감정을 느끼고 말하면 몰입의 세계를 맛볼 수 있다. 그 성과는 일에 대한 행복감을 높여 준다. 따라서 우리는 아무리 어렵고 힘든 일을 만나더라도 감사의 마음을 가져야 한다. 그것이 어떤 문제든 해결의 실마리를 찾는 길이다.

긍정적인 마인드를 갖기 위해 아침 일기를 쓰는 것도 좋다. 최고의 자리에 오른 사람들의 성공비법을 담은 책에서 팀 페리스는 그들만의 승리하는 아침을 만드는 5가지 의식을 소개했다.

- 잠자리를 정리하라(3분)
- 명상하라(10~20분)
- 한 동작을 5~10회 반복하라(1분)
- 차를 마셔라(2~3분)
- 아침일기를 써라(5~10분)

아침일기는 매일 감사하게 여기는 것들을 적는 간단한 방법이다. 아침 일기는 미래에 대한 불안을 잠재울 수 있다. 지금 추구하는 것에만 집중하면 현재 자신이 갖고 있는 것을 잃어버릴 수 있지만, 현재 갖고 있는 것에 감사하면 자신이 갖고 있는 장점을 살려 마침내 추구하는 것을 얻게 될 것이다.

보험 세일즈는 혼자 하는 비즈니스가 아니라 고객과의 관계를 통해서 이뤄지는 비즈니스다. 아직도 보험에 대해 부정적으로 생각하는 고객이 많다. 이런 탓에 자신의 가능성에 대해 의문을 갖고 보험 세일즈를 주저하고 있다면, 그 주저하는 마음을 없애기 위해서 보험에 대한 사명감을 미리 알아보고 체험해봐야 한다.

3자의 전성시대

우리는 다른 사람과 같아지기 위해 인생의 3/4를 빼앗기고 있다.

- 쇼펜하우어

한 보험사에서 보험 세일즈를 준비 중인 사람들 대상으로 '여러분은 이미 성공했습니다!'라는 주제로 강의를 마치고 정리 중이었다. 교육생 한 분이 다가와서 작은 목소리로 물었다.

"강사님, 저 보험 세일즈 잘할 수 있을까요?"

새롭게 도전하는 일에 대해 걱정하고 있는 모습이었다. 당연히 잘할 수 있을 것이라고 용기를 드렸지만 마음 한 켠에 이런 생각이 자리를 했다.

'스스로 할 수 있다고 생각하면 누구에게 자신의 성공 가능성을 묻고 확인할 필요가 없고, 자신 스스로에 대한 의심은 어떤 방법으로도 해결할 수 없을 텐데….'

어떤 일이든 새롭게 시작할 때 걱정하는 것은 당연한 일이다. 그런데 보험 세일즈를 이미 하고 있는 사람 입장에서 보면 근거 없는 걱정이나 두려움 때문에 시작도 하기도 전에 지쳐버리기에 안타깝게만 하다.

보험 세일즈를 시작할 때는 자신의 성공 가능성을 걱정할 필요가 없다. 자신과의 관계를 먼저 정립하고 자신만의 진면목을 발견해야 한다. 자신 안에 잠자고 있는 〈성공 DNA〉를 찾는 것이다. 그러면 보험 세일즈를 즐겁게 시작할 수 있고, 그만큼 성공할 확률도 높아진다.

관계 중에 가장 힘들지만 가장 중요한 관계는 바로 자기 자신과의 관계이다. 살아가는 동안 누구보다 더 자신을 사랑하고 보호해야 할 사람은 바로 자신이다. 자신과 친하고, 좋은 관계를 맺는 것은 행복한 삶의 근원이자 원동력이다. 가장 힘든 순간에 끝까지 함께 해줄 사람은 자기 자신이기 때문에 더욱 그렇다.

원만한 대인관계를 위해 필수적인 것은 자신을 긍정적으로 생각하는 마음인 '자기애'다. '자기애'는 고객과 좋은 관계를 유지할 수 있는 출발점이다. 지금의 자신을 있는 그대로 사랑하고 죄책감이나 억울함, 이유 없이 비난하는 마음을 버리고 감사하는 마음으로 살아가는 것이 자기애의 시작이다.

'자기애'가 강한 사람에겐 스스로를 보호하는 정신적 강인함이 있어서, 일반인보다 더 행복하다는 연구결과가 있다. 벨파스트 퀸스대학 코스타스 파파게오르기우 박사는 '자기애' 성향을 보인 사람은 업무나 사회생활에서도 성공할 가능성이 높고, 강한 '자기애'는 확신이나 목표 지향성 같은 긍정적인 심리와 연관관계가 있다는 연구결과를 발표했다. 물론 과유불급이라고, '자기애'도 지나치면 문제가 될 수 있다.

사소한 비난이나 비판에도 쉽게 상처를 받는 내면의 자존감이 취약한 사람들은 지나친 '자기애'로 자기애성 성격장애를 보이는 것이다. 따라서 우리는 균형 잡힌 '자기애'를 세상에 표현해야 한다. 도덕적 테두리 안에서 건강한 자기애를 발휘하면 자신과의 관계나 대인관계를 원활하게 이어갈 수 있다.

보험 세일즈를 시작할 때 걱정과 두려움이 앞서는 건 새로운 도전을 앞둔 사람들에게 당연한 현상이다. 고객을 설득하기 위해 필요한 경험이나 지식이 부족한 탓에 고객과의 대인관계에서 더더욱 걱정과 두려움이 앞설 수 있다. 보험 세일즈 시작 전에 이런 걱정과 두려움을 극복하고, 자신감을 가질 수 있는 방법이 있다. 바로 자신과의 관계를 올바르게 정립하는 것이다. 자신의 인생에 '3자의 전성시대'를 열어가는 것이다.

※ 3자의 전성시대를 여는 비법

1. 자신감을 가져라

보험 세일즈를 준비하는 사람들이라면 고민 해결을 위해서 한 번쯤 성공한 컨설턴트들을 만난 경험이 있을 것이다. 그 자리에서 "자신감을 가져라"라는 말을 자주 듣는다. 어떤 일에서든 성공하기 위한 조건에 자신감이 포함되기 때문이다.

"○○○컨설턴트는 할 수 있는 일이지만 나는 아무래도 힘들지 않을까?"

이런 생각은 성공한 타인과 비교하기에 드는 생각이다. 세상에서 가장 안 좋은 것이 타인과 비교하면서 스스로 자신의 장점을 썩히고 있는 것이다.

자신감은 '스스로 자신이 있다는 느낌을 갖는 것'이다. 자신(自信)이란 스스로 자신의 능력이나 가치를 확신하는 것으로 스스로 수립한 목표를 달성했을 때 만들어지는 마음가짐이다. 즉 자기가 설정한 목표를 달성하기 위해 행동하고 그 행동을 통해 목표가 달성된다면 자신에 대한 믿음을 가질 수 있다는 의미이다.

보험 세일즈를 경험하지 않는 사람이 보험 세일즈에 대한 자신감을 갖는다는 것은 어떤 면에서 '가짜 자신감'이라고 할 수 있다. 그것을 '진짜 자신감'으로 만들려면 스스로 작은 목표를 수립하고 작은 성공(Small Wins)을 경험해야 한다.

예를 들어 아침 6시에 기상하기, 한 정거장 앞에서 내려 걸어서 출근하기, 거울 보면서 웃는 연습하기 등 작은 목표를 수립하자. 그리고 목표를 달성하기 위해 실천하다 보면 자신감이 쌓이고 일정 기간이 반복되면 자신감이 몸에 배는 것을 느낄 수 있다. 이를 〈체득화〉라고 한다.

지금 당장 할 수 있는 작은 목표와 기간을 결정해 즉시 실천해보자. 자신감이 생기는 자신을 체험해보자. 작은 성공 경험이 모여지게 되면 자신감이 쌓이게 되고 그것을 보험 세일즈에도 적용한다면 진짜 자신감이 형성된다.

자신감의 감(感)은 느낄 감이다. 따라서 감은 철저히 주관적일 수밖에 없다. 남들은 별 것 아니라고 하는 목표일지라도 자신이 수립한 목표를 실천해봐야 한다. 그것을 달성했을 때 받는 느낌은 타인이 주는 것이 아니라 내가 주관적인 마음으로 갖게 되는 것이다.

느낌은 철저하게 주관적이라 내 마음대로 내가 선택하면 된다. 자기 자신에 대한 느낌을 부정적으로 선택할 이유가 없다. 남들은 사소한 것이라 느낄 수 있더라도 내가 실천하여 성취한다면 자신에 대한 긍정적인 느낌을 갖게 되고, 그로 인해 자신감은 쑥쑥 자라는 것이다.

2. 자부(富)심을 가져라

자부심(自負心)이란 자신 또는 자신과 관련되어 있는 것에 대해 스스로 그 가치나 능력을 믿고 당당히 여기는 마음이다. 보험 세일즈 성과로 큰 상을 받는 등 겉으로 드러나는 성공을 했을 때나 원하는 목표를 이루었을 때 경험할 수 있는 기쁜 감정이다. 하지만 어떤 것을 달성했을 때 주변 사람들의 칭찬과 성취감을 통해 생기는 일시적인 자부심에는 한계가 있다. 그래서 지속성을 갖기 위해서 부단한 노력해야 한다.

자부심(自負心)을 자부심(自富心)으로 전환해 볼 필요가 있다. 자부심(自富心), 즉 자신이 스스로 부자라고 생각하는 것이다. 세상에서 가장 큰 부자는 지금 자신이 가지고 있는 것에 만족하고 있는 사람이 아니던가?

지금 자신이 가진 것에 대해 만족하면서 행복을 느낀다면 이미 부자가 된 것과 같다. 지금 당장 시도해 보자. 먼저 자신이 가진 것을 리스트 업 해보자. 사랑하는 가족, 걸을 수 있는 신체적 건강함, 보험설계사 자격시험 공부를 하는 건전한 정신, 고민을 들어주고 말할 수 있는 친구, 조금 더 노력하면 원하는 것을 얻을 수 있다는 긍정적인 마음, 귀가하면 편안하게 쉴 수 있는 공간 등을 자유롭게 적을 수 있다. 이렇게 적다 보면 너무나 많을 것을 갖고 있음을 알 수 있다.

이제 그 리스트를 보고 이런 생각을 해보자.

'자신에게 있는 것만을 원할 때 어떤 기분일까?'

그러면 지금 자신에게 있는 것이 무엇이든 간에 자신에게 꼭 맞는 것이라 생각하게 될 것이고 행복해질 것이다. 그렇게 지금 가진 것을 감사하고 자부심(自富心)을 느끼면서 보험 세일즈를 준비해보자. 아마 좀 더 편안하고 행복한 상태로 보험 세일즈를 시작할 수 있다.

3. 자긍(肯)심을 품어라

자긍심(自矜心)은 자신을 자랑스럽게 생각하는 충족감이다. 즉 자신이 선택한 것과 행동에 의해서 보람을 느끼고 자랑스러움과 행복한 감정을 느끼는 것이다.

보험 세일즈를 선택하고 시작하는 행동에 대해 자긍심을 갖는다는 것은 머리로는 이해가 되지만 마음은 막막할 때가 많다. 그 막막한 마음을 해결할 수 있는 첫 번째 방법은 자신 스스로를 좋아하는 연습을 하는 것이다.

자긍심의 긍(矜)은 '자랑할 긍'이다. 자신의 일을 자랑할 정도로 의미를 부여할 수 있다거나 누군가에게 자랑할 거리가 된다면 자긍심은 저절로 생긴다. 남에게 자랑할 정도로 자신의 일에 흡족한 마음을 가진 사람은 많지 않다.

무일푼에서 백만장자로 기적을 만든 성공 세일즈 구루인 브라이언 트레이시는 한국 강연에서 자긍심을 만들 수 있는 방법을 제시했다.

"세일즈를 시작할 때는 마음가짐이 중요하고 자긍심을 가져야 한다. 자긍심을 갖기 위해서는 'I Like Myself'를 지속적으로 반복하라"

'I Like Myself'를 직역하면 '나는 내가 너무 좋다'가 된다. 이 말을 지속적으로 반복한다면 자긍심은 향상되고 세일즈에서 성공할 수 있다.

"나는 내가 너무 좋다."

이 말을 다른 사람에게 말하기 난처하다면 자신에게 지속적으로 말할 수 있어야 한다. 필자는 경험을 통해 확인했다. "나는 내가 너무 좋다"를 지속하면 어느 분야에서건 성공의 길로 들어서게 할 것이다.

자긍심(自肯心)이란 자신의 일을 즐기는 마음이다. 어느 분야건 자신의 일을 즐기는 사람이 최종적인 승자가 되고 행복한 성공을 만끽할 수 있다. 지금 보험 설계사 자격시험을 준비하고 있다면 미래의 보험 세일즈를 생각하면서 지금 상황을 마음 편하게 즐기는 마음으로 학습에 몰입하는 것이 중요하다.

"피할 수 없으면 즐겨라."

이 얼마나 좋은 말인가? 자긍(肯)심, 일상의 모든 일을 피하지 않고 즐길 수 있다면 어떤 일이든 긍정적으로 받아들일 수 있다. 나아가 걱정을 줄일 수 있고 적극적으로 행동하는 기적을 맛볼 것이다.

보험 세일즈는 두려움과 걱정의 대상이 아니다. 성장과 성공을 통한 행복한 일상을 만드는 일이다. 자신과의 관계를 긍정적으로 맺는 게 중요하다. 그러기 위해서 3자, 즉 자신감, 자부심, 자긍심으로 '3자의 전성시대'를 열어보자.

Lesson 8

3N 프로세스를 익혀라!

만족은 결과가 아니라 과정에서 온다.

- 제임스 딘

"닭이 먼저일까? 달걀이 먼저일까?"

한번쯤은 말장난처럼 나누었던 기억이 있을 것이다. 필자가 어렸을 때 언제 끝날지 모를 심각한(?) 논쟁을 지켜보던 친구가 짜증 섞인 목소리로 간단하게 정리했다.

"닭이 먼저든 달걀이 먼저든 필요 없고, 싱싱한 게 장땡이지."

보험 세일즈 강의를 하다보면 유사한 질문에 난처한 경우가 더러 있다.

"열심히만 하면 보험 세일즈 성공할 수 있을까요? 열심히 해도 안 된다고 하던데?"

"판매과정을 충실하게 지키면 계약을 체결할 수 있습니까? 과정이 중요한가요? 아니면 결과가 더 중요한가요?"

이런 질문을 하는 사람은 진지하고 심각한 문제일지 모르지만 질문을 받는 사람의 입장에서는 그냥 난센스처럼 들릴 뿐이다.

"계약만 잘 하면 됐지. 달리 중요한 게 뭐 있어요!"

이런 종류의 대답에는 정답이 없고 난센스와 같은 해답만 있을 뿐이다.

메시는 세계적으로 유명한 축구선수다. 그는 2016년 코파 아메리카 대회에서 칠레와의 결승전 승부차기에서 1번 키커로 나왔지만 실축하고 팀은 4대2로 패했다. 경기 직후 메시는 충격적으로 국가대표팀 은퇴를 선언했지만 아르헨티나 대통령을 포함하여 유명 축구인들은 그의 은퇴를 번복해달라고 부탁했다. 그중 아르헨티나 한 지역 학교 교사라고 밝힌 요아나 폭스가 페이스북에 쓴 편지가 많은 사람들에게 감동을 주었다. 그는 축구 팬으로서가 아닌 교사로서 편지를 쓰게 되었다면서 "당신의 은퇴는 승리의 가치만 중요하게 여기고 패배를 통해 배우는 것을 무시하는 행태에 동조하는 것"이며 "당신은 성장 호르몬 부족이라는 어려움을 이겨내고 지금의 자리까지 올라갔는데 단지 패했다는 이유로 대표팀을 은퇴한다면 많은 사람들이 인생의 진정한 가치를 잃어버릴 수도 있다"며 메시에게 복귀를 부탁했다. 폭스는 "나는 학생들에게 당신에 대해 얘기할 때 당신이 얼마나 멋지게 축구를 하는지 가르치지 않는다."면서 "아이들이 메시에게 배워야 하는 건 경기장에서 보이는 화려함이 아니다. 아이들은 경기에서 프리킥으로 단 한 골을 넣기 위해 당신이 같은 장면을 수천 번이나 연습한다는 사실을 알아야 한다."며 화려한 결과보다는 빛나는 과정의 열정을 상기시켰다.

메시는 러시아 월드컵 지역 예선전에 대표팀으로 복귀했다. 인생에서 과정의 중요성을 확인해 주었다. 그는 11살에 성장호르몬 장애 판정을 받았고 "성인이 돼도 150cm를 넘기 힘들 것이니 축구를 그만두라"는 의사의 조언을 들었다. 그 당시 집안이 가난해서 한 달에 약 1000달러가 필요한 호르몬 치료를 받을 수가 없었다. 그래서 축구를 포기하려는 순간 그의 잠재력을 발견한 스페인 축구클럽인 바르셀로나의 도움으로 극적인 성장을 할 수 있었다. 현재 그는 169센티미터의 작은 키로 세계축구를 제패하고 있다.

"삶은 과정이 중요해. 결과에 연연하지 말고 매순간 최선을 다하면 되는 거야"

원하는 결과가 나오지 않았을 때 필자 스스로 넋두리로 했던 말이다. 스스로에게 이렇게 말하면 조금은 위로가 되기도 했다.

"과정은 무슨 과정, 프로는 결과로 말하는 거야. 결과만을 강조하는 ○○세상!"

마음속에서는 이처럼 불같은 태풍이 몰아쳤던 경험도 있다. 하지만 지금 와서 생각하면 결과보다는 과정을 먼저 선택한 것이 오늘의 나를 만들었다는 생각에 위안을 얻는다.

필자는 주말에 건강도 챙기면서 잠깐의 여유를 갖기 위해 산에 자주 오른다. 항상 똑같은 산길을 따라 올라가는 것이 싫증이 나서 다른 길로 올라가기도 한다. 전문 산악인과는 절대 비교할 수 없지만 나만의 머메리즘(mummerism)을 즐길 수 있는 시간이다.

머메리즘은 세계적인 등산가 앨버트 프레드릭 머메리의 알프스 등정으로 생겨난 말이다. 1865년 어드워드 윔퍼 일행은 알프스 마터호른(447m)에 처음으로 올랐고 그로 인해 알프스의 높은 봉우리는 모두 인간의 발자국이 남게 되었다. 그래서 다들 알프스에는 더 이상 도전하여 오를 고봉이 없으며 앞으로 누구도 초등의 기쁨을 누릴 수 없다고 했다.

하지만 머메리는 '좀더 어렵고 다양한 루트'를 개척하는 모험적 등반에 나서 1879년에는 마터호른의 츠무트 능을, 다음 해는 푸르겐 능을 처음으로 올랐다. 산악인들은 머메리의 등반정신을 머메리즘이라 불렀다. 결과를 중시하는 '등정주의(登頂主義)'와 달리 정상에 오르는 과정을 더 소중하게 여기는 '등로주의(登路主義)'라는 의미를 부여한 것이다.

머메리즘은 1960년대 후반부터 정상에 오르는 길은 하나가 아니고 여러 개가 있다는 것을 일깨워주었다. 그리고 어렵고 새롭게 개척한 루트일수록 가치가 높다는 인식을 의미하는 베리에이션(variation) 루트 등반의 효시가 된다. 길이 끝나는 곳에서 새로운 길이 만들어 진다. 남들이 두려워해서 가지 않는 길, 최고로 어려운 길을 개척하고 도전하는 정신이 머메리즘의 정신이다. 행복은 목적지에 존재하는 것이 아니라 목적지에 가는 수많은 간이역에 존재한다.

인생의 다반사는 과정과 과정의 연속으로 이어진다. 위대한 일에서부터 작은 일상에 이르기까지 모두 일이 단계를 거쳐서 이뤄진다. 일상적으로 물건을 구매할 때도 어떤 과정 속의 단계를 거쳐 구매하고 사용하며 다른 사람들과 구매 내용을 공유하며 이뤄진다.

1920년대 롤런드 호 박사는 제품을 인지해서 구매할 때까지 핵심적인 과정을 주목(Attention) → 흥미(Interest) → 욕구(Desire) → 기억(Memory) → 구매행동(Action)의 첫글자를 딴 AIDMA 모델로 표현했다. 소비자는 보통 제품의 광고를 주목하여, 흥미를 느끼면 구매하고 싶은 생각과 욕구가 들어, 그 제품을 기억해두었다가 매장에서 구매하는 과정을 밟는다는 것이다.

요즘은 인터넷 활용이 활발해지면서 구매과정도 변형되어 일본의 광고회사 덴쓰는 주목(Attention) → 흥미(Interest) → 정보 수집(Search) → 구매 행동(Action) → 정보 공유(Share)의 첫 글자를 딴 AISAS모델로 제시했다. 소비자의 주목, 흥미단계는 AIDMA와 동일하지만 정보 수집, 구매 행동, 정보 공유 단계는 AIDMA와 달라졌다. 흥미를 느낀 소비자들은 인터넷 검색을 통하여 다른 사람들의 후기나 비교 글을 보며 결정적 의사결정을 하는 것이다. 이 과정에서 구매 의사가 확정되면 곧바로 구매를 하게 되는데 많은 경우 인터넷을 통해 구매하는 경향이 있다.

여기서 주목해야 할 점은 다수의 소비자가 제품 구매에 대한 후기를 남겨 정보를 공유한다는 점이다. 그리고 정보 수집을 통해 구매 의사를 결정하고 구매 후에는 정보 공유를 통해 다른 사람들의 정보 수집을 가능하게 하는 소비의 특성을 보인다는 것이다.

세부적인 구매심리단계로 관심 → 흥미 → 연상 → 욕구 → 비교와 검토 → 신뢰 → 행동 → 만족 단계를 제시하는 경우도 있다. 어떤 제품을 성공적으로 판매하기 위해서는 고객의 구매심리 단계마다 필요한 마케팅 전략이나 행동 요령이 필요하며 그런 전략은 매장 판매, 방문 판매, 인터넷 판매 등 다양한 판매 채널의 성과 극대화에 크게 기여하는 것을 보여준다.

보험 세일즈도 고객의 감동을 넘어서 공감을 얻기 위한 과정이나 단계가 필요하다. 이때 필요한 것이 '3N 전략'이다. 즉 지금(Now) → 욕구(Need) → 협상(Negotiation)의 과정을 의미한다.

※ 공감을 얻기 위한 3N 전략

1. Now, 지금 문제에 집중하라

20대 이상 성인남녀 10명 중 8명이 최근 걱정으로 잠 못든 적이 있다고 했다. 불안감의 실체에 대한 질문에는 77.7%가 막연한 미래에 대한 두려움 때문이라고 했다. 현대인은 불안이란 감옥에 갇힌 죄수 같다는 표현이 어느 정도 공감되는 조사결과다.

그런데 막연한 미래의 불안을 현재로 가져와 보험 컨설팅을 통해 불안의 원인을 해결함으로써 바로 행복의 기회를 제공하는 것이 보험 세일즈다. 보험은 가입하는 즉시 마음의 평화를 느낄 수 있게 만드는 상품이다. 보험 세일즈는 미래 행복을 현재 행복으로 만드는 작업이다. 따라서 보험 세일즈를 준비하는 자신의 관점을 지금에 두고 다음과 같은 질문을 해봐야 한다.

"지금 내가 가진 것은?"

"지금 내가 할 수 있는 것은?"

"지금 있는 곳은 어디인가?"

"언제 시작할 것인가?"

이런 질문에 스스로 답하다 보면 미래에 대한 불안을 잠재우고 현재에 충실할 수 있다. 그래서 지금 가진 것을 다해, 할 수 있는 모든 것을 다 하고, 자신이 지금 있는 곳에서 바로 이 시간에 시작할 수 있다.

2. Need, 욕구를 파악하라

"○○○컨설턴트님, 나는 A상품이 필요합니다. 가입하겠습니다."

고객 스스로 보험의 필요성, 즉 보험 니즈를 느끼고 자발적으로 보험을 가입하는 경우다. 자신의 리스크 관리를 스스로 하는 고객, 자신의 질병과 사고로 인하여 보험 필요성을 절실하게 인식하는 고객, 보험혜택을 크게 본 지인이 있는 고객, 지금 가입하지 않으면 손해라고 생각하는 고객에게 일어나는 일이다.

이런 유형의 고객만 있다면 보험 세일즈는 너무나 행복한 활동이겠지만 사실 이런 고객은 매우 드물다. 대다수는 컨설턴트가 고객의 욕구를 파악해서 고객도 모르고 있는 욕구를 일깨워 보험에 가입하게 하는 과정이 바로 〈보험 니즈 활동〉이다.

보험 니즈에는 고객만의 기준으로 느끼는 〈주관적 니즈〉, 사회 현상으로 만들어지는 〈객관적 니즈〉, 고객이 표현하지 않고 생각만 하고 있는 〈잠재 니즈〉, 밖으로 표현하는 〈현재 니즈〉 등이 있다.

컨설턴트는 이런 이들에게 〈니즈 환기〉를 할 수 있어야 한다. 고객이 이 보험을 왜 가입해야 하는지에 대한 답을 고객이 느끼도록 Tool이나 대화를 통해서 만드는 활동이다. 보험 세일즈를 시작하는 이들이 가장 힘들어 하는 과정이다.

이것을 좀더 쉽게 하는 방법이 있다. 바로 〈니즈 환기〉 활동 전에 니즈를 파악하는 것이다. 고객을 방문해서 별다른 활동을 하지 않아도 고객의 니즈를 파악할 수 있다. 앞서 소개한 〈에펠탑 효과〉처럼 정기적으로 자주 고객을 만나면 보험 니즈를 효과적으로 파악할 수 있다. 일단 자주 만나는 것이 보험 니즈를 파악하는 지름길이다.

고객은 본인의 니즈를 아는 경우도 있지만 모르는 경우도 있다. 또한 일방적으로 니즈를 거부하는 경우도 종종 발생한다. 보험 니즈는 대화를 통해서 확인하는 것도 중요하지만 느낌을 통해서 확인하는 것이 대단히 중요하다. 고객의 〈니즈 시그널〉을 통하여 보험 니즈를 파악하는 방법이다. 고객의 〈니즈 시그널〉은 다른 사람들의 보험 가입에 대한 질문이 많아진다거나 예전과 다르게 친절하게 맞이해 주고, 부적 가족 얘기를 많이 하는 것 등으로 나타난다. 다른 사람들의 보험 가입에 대한 질문을 많이 한다는 것은 다른 사람과 유사한 보험을 고려하고 있다는 것이다.

이처럼 〈니즈 시그널〉을 느낌으로 고객의 보험 니즈를 파악한다면 〈니즈 환기〉는 훨씬 수월해지는 것이다. 니즈 파악의 기술에는 다음과 같은 것들이 있다.

첫째, 고객의 뇌를 이해하는 것이다. 내가 말하면 고객의 뇌는 이미지로 받아들인다. 레몬이라고 말하면 상대방은 레몬 이미지를 떠올리게 되고 입에 침이 고인다. 이런 뇌의 작용으로 인해 컨설턴트는 보험 니즈에 대해서 말을 하지만 고객은 그 말에 대한 내용을 상상하게 된다. 교재에 있는 보험 니즈 파악 관련한 내용을 녹음하고 그것을 들으면서 어떤 이미지가 떠오르는지 테스트하는 것은 중요한 일이다. 자신이 말하는 것에 대한 상대방의 반응을 간접적인 방법으로 확인할 수 있다. 그런 느낌의 확인을 통해서 보험 니즈를 파악하는 대화의 기술이 향상 된다.

둘째, 현재 자신이 가입한 보험을 직접 확인하는 것이다. 자신은 보험을 왜 가입했는지? 그리고 어떻게 가입했는지? 그 당시에 어떤 느낌이었는지? 담당 컨설턴트가 어떤 느낌을 주었는지를 확인해보면 고객의 니즈 파악 활동에 응용할 수 있다. 자신이 하는 보험니즈 환기 내용을 스스로 느낄 수 있다면 고객 또한 유사하게 느낄 것이다.

셋째, 교육 중 자신이 직접 촬영한 사진을 설명해보자. 보험 세일즈는 〈의미 세일즈〉이기에 스토리텔링에 능해야 한다. 딱딱하고 정형화된 자료보다는 자신이 직접 찍은 사진으로 설명하는 것이 더 효과적이다. 출근하면서 행복한 장면을 촬영하여 고객에게 전달해 보자. 그리고 고객에게 촬영 당시의 느낌이나 기분을 전달하면서 보험에 대한 니즈를 간접적으로 설명해 보자. 단적으로 얘기하는 것도 중요하지만 간접적인 방법으로 보험을 시사하는 것도 효과적이다.

3. Negotiation, 협상하라

마케팅 이론에서는 니즈를 3가지로 구분한다. 첫째는 니즈(needs)로 필요한 것들이 부족한 상태, 둘째는 욕구(wants)로 니즈를 충족시키는 구체적인 수단, 셋째는 디맨드(demand)로 구매력이 뒷받침된 니즈가 여기에 속한다.

보험 세일즈는 보험이 부족하다고 느끼는 고객의 니즈를 적합한 보험 상품으로 컨설팅해 고객이 가입(구매)하도록 하는 것이다. 그래서 보험협상에 더 가깝다. 협상은 서로의 경제적인 이익을 극대화하고, 상대의 행동, 인식, 감정을 변화시켜 가치를 키우는 의사소통이다.

파는 것이 '세일즈'라면 살 수 있게 만드는 것은 '협상'이다. 지금은 고객의 니즈에 따라 보험을 판매하는 보험 세일즈보다 고객의 욕구를 충족시킬 수 있는 보험 협상이라는 의미가 더 강한 시대다.

협상을 잘하는 사람의 특징은 고객이 요구하거나 주장하는 것만 보지 않고 요구나 주장을 하는 이유와 동기, 속마음 즉 욕구를 살핀다. 예를 들어 손님이 땀을 흘리며 가게에 들어오면서 "아저씨, 콜라 한

병 주세요."라고 말한다. 그런데 가게에 콜라가 떨어져서 없다. 콜라를 달라는 손님의 말은 손님의 요구 또는 주장이다. 가게 주인이 손님의 요구에만 초점을 맞춘다면 콜라가 떨어졌다고 답할 것이다. 하지만 가게 주인이 손님의 욕구에 초점을 맞춘다면 "콜라는 없지만 시원한 사이다는 있다."라며 다른 선택을 제시할 수 있다. 손님의 욕구가 갈증 해소라는 것을 파악했기 때문이다. 손님이 갈증을 풀기 위해 콜라 대신 사이다를 사면 그는 갈증을 해소해서 좋고 주인은 물건을 팔아서 좋은 상황을 만드는 것이다. 협상에서는 이처럼 고객의 숨겨진 욕구를 찾는 것이 필요하다.

이러한 협상을 IBC모델로 구현할 수 있다. IBC 모델은 숨은 이해관계를 찾고 상대의 뿌리 원인을 찾는 Interest. 협상에서 기준점을 만드는 BATNA(Best Alternative To a Negotiated Agreement), 그리고 자신의 바트나를 강화하고 상대방의 바트나는 약화시키는 Concession으로 구성되어 있다.

이제는 보험 세일즈를 넘어 보험뿐 아니라 금융 전반적인 부분을 협상을 통해 가이드하는 시대다. 협상의 법칙 저자인 허브 코헨은 인생사의 8할이 협상이라고 했다. 만약 지금 교육장이나 가정생활, 대인관계에서 발생한 갈등을 협상을 통해 해결한 경험을 축적한다면 보험 세일즈에도 적용 가능한 경험을 얻게 될 것이다.

점과 점이 이어지면 선이 된다. 보험 세일즈는 고객의 행복의 선이

끊어지지 않고 지속할 수 있도록 수많은 점과 점을 이어주는 과정이다. 점 하나 하나가 과정이고 단계이다. 그런 과정과 단계를 효율적으로 이어가기 위해서는 고객의 지금(Now)의 문제를 강조하고, 욕구(Needs)를 파악하며, 협상(Negotiation)에 능해야 한다. 이 3N은 고객으로부터 사회로부터 인정받을 수 있는 가장 필요한 Necessary 될 것이다.

인(人)

인지상정이다

Lesson 1

작은 시작은 위대하다

꿈을 품고 뭔가 할 수 있다면 그것을 시작하라.

새로운 일을 시작하는 용기 속에 당신의 천재성과 능력과 기적이 모두 숨어있다.

- 괴테

"저는 수많은 힘든 고비를 극복하여 이렇게 성공했고 성공비법은
다음과 같다. 그래서 지금 이렇게 살고 있다."

오늘도 여전히 SNS를 타고 성공한 사람들의 미담들이 도착한다.

"부러우면 지는 거야!"

스스로 위로하지만 마음은 위로(上) 가는 게 아니라 지하 3층을 지
나 끝도 없는 층으로 떨어진다. 그 주인공이 친한 친구라면 지하로
내려가는 속도는 더 빨라진다. 가깝게 지내던 평범했던 친구가 보험
세일즈로 억대 연봉을 받았다는 얘기를 듣고 그 심정을 넋두리하는
교육생이 있었다.

"당신도 할 수 있습니다."

그랬더니 바로 꽁무니를 빼는 소리가 나온다.

"저는 엄두가 나질 않네요."

엄두는 우리말 같지만 한자 염두(念頭)에서 유래했다. 즉 '생각의
첫머리'라는 뜻이다. 어떤 일을 할 생각조차 나지 않을 때 "엄두가 나

지 않는다"는 말을 쓴다.

그런데 생각해 볼 문제다. 과연 엄두를 내지 못해서 행동을 못하는 것일까, 행동을 안 해서 엄두조차 내지 않는 것일까? 단언하지만 행동이 없기에 엄두조차 내지 못하는 것이다.

작동흥분이론(Work-Excitement Theory)은 정신의학자 에밀 크레펠린이 밝혀낸 신체 현상이다. 사람이 일단 행동을 시작하게 되면 뇌의 측좌핵 부위가 흥분하기 시작한다. 그러면 하기 싫어서 미루던 일도 하고 싶다는 의욕이 생기고 몰두하게 된다. 다시 말하면 엄두를 내서 어떤 일을 시작하는 것이 아니라, 어떤 일이든 시작하면 엄두가 나서 일을 더 진행해 나갈 수 있다는 것이다.

천리길도 한 걸음부터다. 지금 누군가를 부러워한다면 무엇이든 시작해보자. 아주 작은 시작도 좋다. 그 시작으로 엄두를 내기 시작해서 다양한 아이디어를 얻을 수 있다. 작곡가 스트라빈스키(1882~1971)는 현대 예술에 신고전주의라는 위대한 지평을 열었다. 그는 작곡 비결을 이렇게 말했다.

"음식을 먹다 보면 식욕이 증가하듯이 작업을 하다 보면 영감이 자연스레 떠오릅니다."

세계인들이 많이 여행을 가고 싶어하는 도시 1순위가 뉴욕이다. 뉴욕은 1980년대까지 세계에서 가장 위험한 도시 중 한 곳이었다. 뉴욕의 지하철은 절대 타지 말라고 공공연하게 말할 정도로 지저분하고 치안상태도 불안했다. 그래서 리코가스 대학의 켈링 교수는 지하철 범죄를 줄이기 위한 대책으로 낙서를 지우는 것을 제안했다. 반대를 극복하고 5년이 지나서야 모든 낙서를 지우게 되었다. 그 결과는 놀랍게도 계속 증가하던 지하철 흉악 범죄가 낙서를 지우기 시작하면서 완만하게 줄어들었다. 1994년에는 절반 가까이 감소하여 중범죄 사건은 75%나 급감했다. 1994년 뉴욕 시장에 취임한 줄리아니 시장은 지하철 성공 사례를 경찰력에 적용했다. 낙서를 지우면서 보행자의 신호위반 단속, 빈 캔 무단 투기 단속 등 경범죄를 단속하는 것을 병행했다. 그 결과 범죄 발생 건수가 급격히 감소하여 마침내 범죄 도시의 오명을 불식하는 데 성공했다.

뉴욕의 지하철처럼 노숙인으로 인해 치안이 어렵고 거리가 더럽혀진 서울역의 문제점을 해결하기 위해 국화꽃 화분으로 꽃 거리를 조성했더니 깨끗하고 안전한 거리가 되었다는 사례도 있다.

2006년 구글에 16억 5천만 달러에 매각되면서 창업자인 스티브 첸에게 엄청난 부를 준 유튜브의 시작은 아주 단순했다. 어느 날 스티브 첸은 직장 동료 체리 헐리와 파티를 하고, 디지털 카메라로 촬영한 사진과 동영상을 다른 동료들과 공유하면서 불편하다는 생각을 했다. 용량이 적은 사진은 이메일로 전송할 수 있었는데 용량이 컸던 동영상은 공유하기가 쉽지 않았다. 그래서 동영상을 공유하는 서비스를 만들자며 결정하고 체리 헐리와 동업으로 유튜브를 창업했다. 당시에 동영상 공유 서비스를 이용하려면 관련 프로그램을 설치해야 하는 불편함을 개선해서 웹 브라우저에서 바로 동영상을 올리고 볼 수 있는 서비스를 개발한 것이다. 일상에서 사소한 불편을 해결하기 위하여 즉시 시작한 것이 '유튜브의 기적'을 이룬 것이다.

"지금 시작하라!"

보험 세일즈를 시작할까 말까 망설여진다면 바로 지금 시작하라. 바로 시작하는 그 첫 시작이 보험 세일즈로 성공하는 초석을 든든하게 다질 수 있다.

보험 세일즈를 시작하기 전에 모든 생각을 정리하고 성공에 대한 확신이 생겨야 시작하겠다는 생각은 하지 않겠다는 생각이다. 현명하고 쉽게 시작하기 위해서는 의욕과 상관없이 지금 즉시 작은 실천을 시작해야 한다. 그러다 보면 자동적으로 이어지는 다음 행동에 집중할 수 있다. 필자는 작은 시작으로 성공에 길에 이르는 비결을 '오작교'로 강조하고 있다.

※ 성공을 위한 오작교 비법

1. 오늘 하루를 기록하라

내일의 희망을 기약하는 것에 무엇이 있을까? 바로 오늘을 어떻게 보냈는지 기록하는 것에 있다. 어제는 지나버린 오늘이고, 내일은 아직 오지 않는 오늘이다. 오늘 하루를 어떻게 보내느냐에 따라 행복이 좌우될 뿐이다. 보험 세일즈를 준비하거나 활동할 때 하루를 만족스럽게 보내는 것은 그만큼 자신과 고객의 내일에 희망을 주는 일이다.

하루를 효율적으로 보내는 방법 중에 〈데일리 리포터 작성하기〉가 있다. 일일목표를 수립하고, 1시간마다 자신이 한 것을 기록하며, 몰입하는 정도를 상 중 하, 또는 ○ △ × 로 표시하는 방법이다. 다이어리 작성법과 유사하지만 한 시간 단위로 기록하고 스스로 피드백할 수 있어 효과적이다. 일의 양과 질을 측정할 수 있고, 내일은 개선을 통해 향상할 수 있어 좋다.

측정할 수 없는 것은 개선할 수 없다. 측정을 하려면 기록을 해야 한다. 오늘 하루를 기록하고 기억함으로써 더 나은 내일을 기약할 수 있다. 〈데일리 리포터 작성하기〉로 내일을 기약하는 길로 들어서 보자.

2. 작심삼일을 반복하라

보험 세일즈를 시작하려고 마음먹은 사람 중에 마음이 수시로 자주 바뀌는 이들이 많다. 처음엔 자신감과 비전으로 교육을 받지만 생각만큼 쉽지 않은 일을 만나면서 작심삼일로 포기해버리는 것이다. 아무리 좋은 마음도 3일을 넘기기 어려운 것이 사람의 마음이다. 보험 세일즈를 시작하면서 맺었던 결심이 3일이 지나면 흔들리는 것도 어쩔 수 없는 일이다. 따라서 작심삼일을 이겨내면 성공의 길로 가는 것이고, 작심삼일에 굴복하면 중도에 포기할 수밖에 없다.

그렇다면 이 작심삼일을 어떻게 할 것인가? 바로 작심삼일을 반복함으로 꾸준히 이어가는 것이다. 예를 들어 교육 받는 동안에 친한 친구에게 안부를 묻는 전화를 세 번 하고 기록하자. 매일 보험에 대해 설명하고 싶은 사람 3명을 메모하자. 하루에 한 명씩 성공한 컨설턴트와 점심을 먹어 보자. 매일 30분간 교육 담당자와 미래에 대한 비전에 대해 상담해 보자. 그리고 보험 세일즈를 통해 하고 싶고, 되고 싶고 갖고 싶은 것 생각해서 기록해 보자. 그러다 보면 작심삼일을 계속 반복할 수 있는 길에 들어서게 된다.

행복을 느낄 수 있는 자신만의 목표를 수립해 3일 동안 지속하고, 3일 후에 점검해서 또 3일간 반복하는 일을 되풀이 해보자. 이렇게 100일 동안 지속하면 보험 세일즈를 행복하게 시작해서 나름대로 좋은 성과를 내는 길에 들어선 자신을 발견하게 될 것이다.

3. 교육으로 시작하라

보험 세일즈를 시작하려는 사람들은 "교육 먼저 받으라"는 말을 가장 먼저 듣는다. 보험 세일즈 초기 교육을 단순히 보험판매 자격시험에 합격하기 위한 교육이라고 생각하는 이들이 많다. 하지만 필자는 보험 세일즈에 대한 긍정적인 인식과 잠재능력 계발을 통한 셀프 리더십을 제고하기 위함이라고 생각한다. 초기 보험 세일즈 교육의 주된 내용은 보험판매를 전제로 하는 게 아니라 자신 스스로를 바라보는 관점의 변화에 대한 것들이다. 즉 자신의 가능성, 잠재능력, 자신이 모르는 나, 비전 등을 확인하고 깨우치는 내용으로 이뤄진다. 셀프

리더십 배양이 주된 내용이다.

"내가 성공 가능성이 100%라면 나는 어느 정도의 연봉을 원할까?"

"내가 성공 가능성이 100%라면 어떤 보험 세일즈를 할 수 있을까?"

"만약 완벽한 환경이 조성된다면 어떤 보험 세일즈를 할 수 있을까?"

"내가 가졌던 어릴 적 꿈은 무엇이고 그 꿈을 통해 무엇을 얻고 싶었을까?"

주로 이런 질문에 대한 대답을 찾아가는 과정이 초기 보험 세일즈 교육과정이다. 따라서 초기 교육을 잘 받으면 다양한 방법으로 자신의 가능성을 확인할 수 있다. 초기 교육 과정에서 꼭 했으면 하는 네 가지를 소개한다.

첫째, 성공한 컨설턴트를 가벼운 마음으로 만나는 기회를 적극적으로 활용하라. 이런 만남을 통해 보험 세일즈에 대한 부정적인 시각을 바꿀 수 있다.

둘째, 최근에 등록해 행복하게 활동하고 있는 신인 컨설턴트를 만나는 기회를 잘 활용하라. 신인 컨설턴트도 당신이 가졌던 부정적인 생각이나 걸림돌을 극복하고 활동을 하고 있기에 가장 현실적인 도움을 받을 수 있다.

셋째, 경제적인 부분에 대해 질문하고 답하는 과정을 밟으면서 자신만의 꿈을 만들어 보자. 타고 싶은 자동차, 살고 싶은 집을 상상으로 결정하고, 직접 방문해서 체험해보는 것이다. B자동차를 원한다면 B자동차 매장을 방문해서 B자동차를 타고 있는 자신의 모습을 찍어 지속적으로 보면서 마음에 새겨라. 기분이 좋아지는 긍정적인 효과를 볼 것이다.

넷째, 미래 편지를 써 보라. 실제 보험 세일즈에서 이뤄질 수 있는 모습을 상상해 미래 일기를 작성하는 습관을 들여보자. 측정 일자(예, 2021년 12월24일)에 경제적인 면과 정신적인 면에서 성공한 당신의 모습을 상상하면서 미래 일기를 작성해 보자. 성공의 길로 가는 큰 힘을 얻을 수 있다.

"성공의 계기는 의외로 사소한 일에서 시작됐다. 작은 시작이 큰 성공으로 이어졌다."

성공의 오작교 즉 오늘 하루를 기록하고, 작심삼일의 습관을 100일 간 반복하며, 지금 당장 교육을 시작해보자. 당신이 꿈꾸는 미래가 지금 당신 앞에서 미소 지을 것이다. 바로 지금 시작하자. 작은 시작이라도 그 자체가 위대한 기적을 낳을 것이다.

작은 것이지만 당신이 시작하면 할 수 있는 것 9가지를 찾아보아라.

1 _____ 2 _____ 3 _____

4 _____ 5 _____ 6 _____

7 _____ 8 _____ 9 _____

Lesson 2

보험은 교육이다. SPEC을 쌓자

> 교육은 그대의 머리 속에 씨앗을 심어 주는 것이 아니라,
>
> 그대의 씨앗들이 자라나게 해주는 것이다.
>
> - 칼릴 지브란

"보험은 무엇입니까?"

"보험은 교육입니다."

필자가 S보험사 교육담당자로 근무했을 때 가장 많이 들었던 말이다. 이 말을 처음 들었을 때 필자는 솔직히 이렇게 생각했다.

'보험회사는 어떤 방법으로든 보험을 잘 팔면 그만이지 교육과 보험이 같다고?'

그런데 지금은 이 말을 후배들에게 되돌려주고 있다. 교육을 통해 많은 보험 세일즈 전문가가 양성되고, 트레이닝교육을 수료한 컨설턴트들이 교육 덕분에 성공했다는 경험담을 자주 들려주고 있다.

보험 세일즈를 시작하려는 사람들을 상담해보면 교육을 소홀히 생각하는 경우가 많다. 이들은 초기 보험교육을 보험 상품 판매를 위한 교육 정도로 알고 있다. 물론 초기 보험 세일즈 교육은 상품 판매에

대한 교육인 것이 사실이다. 하지만 교육을 이렇게만 본다는 것은 마치 보석을 공깃돌로 사용하는 것처럼 교육의 진가를 제대로 활용하지 못하는 것이다.

우리나라 대기업들은 미래 경쟁력 확보를 위해 신입사원 입문교육에 회사 역량을 집중하고 있다. 국내 대기업 인재원을 방문한 미국 글로벌 기업 경영자들은 신입사원 입문교육과 글로벌 교육에 찬사를 보낸다. 그들은 우리나라의 기업들이 짧은 역사, 정부의 규제, 그리고 열악한 환경에서도 세계적인 기업으로 당당히 경쟁하는 원동력으로 신입사원 입문교육과 글로벌 교육을 뽑는다.

보험 세일즈는 보험설계사 자격시험 준비과정을 시작으로 실제 판매활동 전까지 2개월 정도 교육을 받는다. 컨설턴트들은 이구동성으로 말한다. 초기 보험 세일즈 교육이 성공적인 세일즈에 대단히 중요한 과정이라고.

G보험사는 2020년 1월부터 보험설계사 등록자격시험 준비교육을 강화하고 있다. 보험설계사 자격시험 합격 위주의 교육에서 실제 상품 자료나 영업 사례를 접목한 체험형 교육 시스템을 구축한 것이다.

보험 세일즈 초기 교육을 스스로에게 동기 부여할 수 있는 최적의 시기라고 생각하라. 교육은 현장에서 즉시 활용이 가능한 내용으로 진행된다. 이론 교육을 통한 지식 습득도 중요하지만, 교육생들이 직접 체득할 수 있는 체험형 교육이 주를 이룬다. 고객과의 대화 방법을 위한 지식 전달과 역할연기인 RP(Role Playing)를 통해 간접적인 판매 훈련으로 진행된다.

※ 교육의 MPP단계

1. Memorize, 암기하는 단계다

상품이나 판매스킬에 대한 이론 교육을 기반으로 먼저 고객과의 대화 내용을 암기한다. 보험 세일즈에서는 화법이라고 하는데 어떤 상황에 어떻게 말할 것인지에 대한 정형화된 화법을 암기하는 것이다.

2. Personalize, 개인적인 훈련 단계다

암기한 정형화된 화법을 개인적으로 재구성하여 학습하는 단계다. 가상 고객을 선정해 어떻게 대화할 것인지 개인적으로 학습해야 한다.

3. Professionalize, 체득화하는 단계다

교육생 간에 1:1 혹은 그룹, 개인적으로 연습한 내용을 RP하고, 상호 간에 피드백을 함으로써 프로 컨설턴트가 되기 위한 실전 훈련을 하는 것이다.

보험 세일즈에서 성공한 컨설턴트들은 대개 초기 보험 세일즈교육을 운영한다. 현장에서 구체적으로 적용해서 활용할 수 있도록 하기 위함이다. 아울러 교재 구성도 이론적인 구성을 지양하고 현장에 적용할 수 있는 내용들로 구성하고 있다. 보험 세일즈 초기 교육은 이처럼 '현장 실전형'으로 이뤄지고 있다.

"남을 위하여 일하면서 진심을 다하지 못한 점은 없는가? 벗과 사귀면서 신의를 지키지 못한 일은 없는가? 배운 것을 제대로 실천하지 못한 것은 없는가?"

증자는 매일 이렇게 세 가지를 반성했다고 한다. 보험 세일즈에 입문한 당신도 이 세 가지를 챙겨가며 스스로 답할 수 있어야 한다. 그래야 보험 세일즈를 할 준비가 완성되었다고도 볼 수 있다.

초기 보험 세일즈교육을 자신 것으로 만들기 위해서는 스스로 동기부여를 해야 한다. 과거의 동기부여는 조건적 보상으로 당근과 채찍을 활용했다. 지금은 스스로 행동하는 내적 동기부여로 자발성을 활용해야 한다. 즉 자신이 원하는 일을 적극적으로 추진하기 위해서는 당근과 채찍이라는 외적 자극보다 자발성이라는 내적 동기부여가 더 중요하다는 것이다.

미켈란젤로가 가장 위대한 작품인 시스티나 성당의 600평방미터 넓이의 천장 벽화를 그리고 있었을 때의 일이다. 시스티나 성당 천장 벽화 작업은 무척 어려웠다. 작은 받침대 위에 올라가서 불안정한 자세를 지속해야 해서 미켈란젤로는 등이 굽고 눈이 어두워질 정도로 고통스럽게 작업을 해야 했다. 하루는 친구가 천장 벽화 구석에 작은 인물 하나를 정성을 다해 그리고 있는 미켈란젤로를 보고 물었다.

"그렇게 구석진 곳에다 잘 보이지도 않는 인물 하나를 그리기 위해

뭘 그렇게 고생하는가? 그 그림이 완벽하게 그려졌는지 아닌지 누가 알아볼 수 있겠는가?"

미켈란젤로는 당연하다는 듯이 답했다.

"내가 알지."

그가 외적인 보상을 중시해 천장 벽화를 그렸다면 그렇게까지 고생하지 않아도 됐을 것이다. 그의 마음에서 우러나오는 내적인 동기부여가 만족 수준을 높이고, 열정을 불러 일으켜 위대한 작품을 역사에 남길 수 있었던 것이다.

'미켈란젤로의 동기'는 칭찬, 이익, 출세 등의 보상이 아니라 성취감 등 순수한 내면의 열정을 끌어올릴 수 있는 보상이 얼마나 큰 힘을 발휘할 수 있는지 잘 일깨워준다.

보험 세일즈는 자신이 CEO이자 직원 역할까지 수행하는 '1인 기업가'이기에 자발성이 매우 중요한 내적 동기부여를 해야 한다. 초기 보험 세일즈교육을 소홀히 여기지 말고 내적 동기부여를 불러일으킬 수 있도록 자발성을 갖고 임해야 하는 이유가 여기에 있다.

※ 초기 보험 세일즈 교육의 SPEC 네 가지

1. Ship

십(Ship)은 어떤 역할을 수행하는 사람의 능력, 자격, 자세, 태도, 정신 등을 뜻한다. 컨설턴트십이라고 하면 컨설턴트로서 마땅히 가져야 할 정신이다. 집으로 치면 기둥과 같은 것이다. 보험은 고객이 평화롭게 현재 삶에 충실할 수 있도록 만들어주는 사회적 시스템이다. 이런 시스템을 구축할 수 있도록 하는 컨설팅 하는 컨설턴트의 정신이나 자격, 태도 등은 가장 중요한 마음이다.

컨설턴트십은 크게 다섯 가지로 구분한다. 첫째, 보험의 중요성에 대한 인식이다. 둘째, 자신의 직업에 대한 소명의식이다. 셋째, 상품 지식의 중요성이다. 넷째, 윤리적인 판매활동이다. 컨설턴트의 이익보다는 고객의 이익을 최우선으로 하는 윤리적인 마인드가 중요하다. 다섯째, 컨설턴트의 성공에 대한 확실한 의식 제고다. 성공에 대해 확신할 때 고객에게 높은 금융서비스를 제공할 수 있다.

초기 보험 세일즈 교육은 이 5가지 컨설턴트십을 고양하는 데 주력한다. 강의와 성공사례 공유, 그리고 개인별 각오와 비전을 발표하는 등 참여식으로 이뤄진다.

2. Process

보험 세일즈는 절차와 과정이 만들어내는 '예술품'이다. 일방적으로 한 쪽 니즈에 의해 만들어지는 것이 아니라 상호 의사소통의 흐름 속에서 완결되는 작품이다. 보험 세일즈 프로세스는 고객 발굴 → 친숙 → 상품설명 → 계약 체결 → 계약 후 서비스 단계로 구성된다.

첫째, 고객 발굴 단계를 보험에 가입할 수 있는 사람을 찾는 단계로 알고 있다. 이렇게 보면 대단히 한정적이라 힘들다. 따라서 범위를 넓혀 이 단계에서 고객은 전화 할 수 있는 모든 사람으로 봐야 한다. 즉 누구나 고객이 될 수 있다고 보라는 것이다.

둘째, 친숙 단계는 대표적으로 전화로 방문 약속을 잡고 상담하는 단계다. 그 과정을 통해 보험 니즈를 만들어가는 작업이다. 자연스런 대화와 Tool 설명을 통해 보험 니즈에 대한 공감대를 형성해가는 적극적인 과정이다.

셋째, 상품을 설명하는 단계로 고객의 보험 니즈에 최적합한 상품을 선택하여 만족할 수 있도록 상품을 설명하는 단계다.

넷째, 계약을 체결하는 단계로 보험 세일즈의 하이라이트라 할 수 있다.

다섯째, 계약을 체결한 후 서비스 단계로 고객이 보험금을 지급 받을 때까지 관리해야 할 책임을 유지하는 단계다. 보험이 유지될 수 있도록 지속적으로 관리해야 한다.

판매 프로세스는 컨설턴트의 컨설팅 내용이 고객의 마음 변화에 적합하게 이뤄져 있다. 초기 보험 세일즈교육은 판매프로세스의 중요성과 내용에 대한 강의, 그리고 판매프로세스의 간접 경험을 통해 체득케 한다. 이론 강의 내용은 고객의 구매 욕구에 대한 이해와 프로세스별 세부적 내용, 그리고 프로세스별 스킬을 포함하고 있다. 또한 보험 상품이 아닌 일반 상품을 판매한다고 가정해 고객의 구매 욕구 단계를 간접적으로 느끼고, 구매 욕구 단계별로 어떤 프로세스를 전개해야 하는지 학습케 한다. 판매프로세스를 익히는 것은 프로 컨설턴트가 된다는 것을 의미한다.

3. Every product

보험은 가족 사랑의 마음을 보험 증권에 새겨 마음속의 가족 기념관을 만드는 비즈니스다. 그렇기에 대를 이어 가족 기념관에 전시될 상품을 학습한다는 것은 매우 소중하다. 마치 미술가가 물감을 써서 캔버스 위에 어떤 풍의 그림을 그릴 것인지를 결정하는 일이다. 또 그림을 완성하는 능력을 키우는 것과 같다. 상품을 학습하는 일에도 단계가 있다. 단계별 상품 학습은 고객에게 상품 설명을 체계적으로 할 수 있다는 것을 의미한다.

첫째 단계는 상품 개발 배경을 아는 것이다. 개발 배경을 알면 상품별로 설명할 수 있는 고객을 다양하게 발굴할 수 있다. 고객이 왜 이 상품을 가입해야 하는지에 대해 객관적인 기준을 제시할 수 있다.

둘째 단계는 상품별 핵심적인 셀링 포인트를 확인하는 것이다. 고객에게 상품을 설명하는 시간은 다소 제한적일 수 있기에 효율적으로 설명하기 위해 핵심 셀링 포인트를 학습하는 것이다. 셀링 포인트를 암기하면 언제 어디서든 고객에게 상품을 제시할 수 있다.

셋째 단계는 상품의 구체적인 내용을 학습하는 것이다. 보험 상품은 주계약과 특약으로 구성되어 있다. 주계약과 특약 내용에 대해 세부적으로 숙지하고, 고객에게 맞는 주계약과 특약을 설계하여 '적은 보험료로 큰 보장'을 받을 수 있는 혜택을 고객에게 제공할 수 있다.

넷째 단계는 상품별 화법을 암기하고 RP를 통해 판매 경험을 간접적으로 느낄 수 있는 교육이다. 화법을 스마트폰에 녹음하여 지속적으로 듣고, 상품별로 〈특이혜증〉의 방법으로 이해하고 설명하는 스킬을 학습한다. 특이혜증은 보험 상품의 특징, 해당 상품만의 이점과 혜택, 그리고 보험 가입에 대한 증거를 순서대로 제시하는 방법이다. 상품별로 각각 특이혜증 기법을 적용해 실습함으로써 간단하지만 강한 임팩트를 줄 수 있는 기법을 학습할 수 있다.

4. Change Leadership

보험은 사람과 사람 사이에 일어나는 성스러운 약속이다. 보험 세일즈는 컨설턴트의 리더십과 고객의 가족사랑 정신이 만나 보험이라는 위대한 작품을 만드는 과정이다. 이런 과정에서 빼놓을 수 없는 필수 항목이 고객의 니즈 변화다. 고객의 니즈가 전혀 없거나 보험에 대한 부정적인 인식이 지나치게 강할 경우 컨설턴트는 거부감을 갖고 기피할 수 있다. 그럴 때 고객의 변화를 위해서 발휘하는 것이 컨설턴트 주도의 '변화 리더십(Change Leadership)'이다.

보험에 대한 거부 반응이 있는 고객을 보험과 관련된 니즈 환기 자료나 Tool의 설명만으로 설득하기에는 한계가 있을 뿐만 아니라 오히려 거부반응이 더 커질 수 있다. 이럴 때 보험 외적인 방법과 자료를 활용하여 고객의 보험 인식을 변화시켜야 한다.

"고객은 항상 떠날 생각만 한다."

컨설턴트는 항상 이 말을 가슴에 새겨야 한다. 보험은 고객의 경제 부분 중요도에서 항상 상위에 있는 것은 아니며 다양한 보험회사와 경쟁력을 갖춘 컨설턴트를 쉽게 만날 수 있기 때문이다. 그러므로 항상 고객의 변화 가능성을 염두에 두고 컨설턴트 스스로 경쟁력을 갖추기 위해 컨설턴트 주도의 변화 리더십을 높여야 한다.

아울러 컨설턴트는 스스로 자신의 변화를 관리해야 한다. 고객을 만나야 하기에 항상 고객과의 의사소통 문제가 발생할 가능성이 있다. 따라서 컨설턴트는 차원별로, 시간대별로, 개질별로 사신의 능정적인 변화를 위한 동기부여를 꾸준히 해나가야 한다.

자신에 대한 변화리더십을 배양하는 컨설턴트에겐 사회와 고객의 변화가 성공의 기회로 다가온다. 초기 보험 세일즈교육은 이런 변화 리더십을 배양하기 위해 다양한 사회적 현상 및 시사 자료를 적시에 제공한다. 변화 리더십 관련 독서토론회를 운영하기도 한다. 특정한 사회 현상에 대해 자신의 의견을 발표하고 의미를 부여하는 실습을 통해 스스로 변화 리더십을 익히게 한다.

보험은 교육을 통해 트레이닝된 컨설턴트만이 판매가 가능하다. 컨설턴트의 성장은 교육을 통해서 가능하기에 '보험은 교육'이라고 한다. 그래서 초기 보험 세일즈교육을 아주 중요하게 여겨야 한다. 이것을 한눈에 익히기 위해 초기 보험 세일즈교육을 스펙(SPEC)으로 정리해 본다. SPEC은 컨설턴트로서 가져야 할 정신인 Ship, 판매단계별 핵심내용을 이해하는 Process, 모든 판매 상품에 대한 지식인 Every product, 자신과 고객의 변화를 관리할 수 있는 Change Leadership로 이뤄진다.

"어떤 분야에서든 성공을 위한 최소한의 요구조건이 있다면 그것은 바로 지속적인 학습이다."

데니스 웨이들리의 말을 명심해자. 2개월에 걸친 초기 보험 세일즈교육을 통하여 지속적으로 학습해서 긍정적인 마인드를 더 크게 키워가자.

'KASH'는 'CASH'이다

이상적인 인간은 삶의 불행을 위엄과 품위를 잃지 않고,

긍정적인 태도로 그 상황을 최대한 이용한다.

- 아리스토텔레스

직업을 선택하는 이유는 연봉, 적성, 꿈, 비전, 안정성, 인정, 소득 등 연령이나 환경에 따라서 다양하다. 요즘 청소년들의 직업 선택 기준을 살펴보면 현 세태나 미래를 내다볼 수 있다. 2019년 청소년이 직업을 선택할 때 중요하게 생각하는 요인은 수입(32.8%), 적성과 흥미(28.1%), 안정성(21.0%)로 조사되었으며, 수입을 중요하게 생각하는 비중이 2013년 27.0%에서 2019년 32.8%로 증가했다. 통계만 본다면 조물주 위의 건물주라는 요즘 세태에 청소년들도 일부 공감하고 있는 것 같다.

보험설계사의 직업 만족도에서도 소득이 중요한 요소로 작용한다. S사 보험설계사 직업만족도 조사에서 10명 중 9명이 만족한다고 응답하였는데 구체적인 장점에 대해서는 노력한 만큼 받는 소득이 40.7%를 차지했다. 그리고 일과 가정의 병행(23.6%), 정년 없는 평생 직업 (23.3%)이 순위를 차지했다.

보험사의 소득 수준은 2019년 월평균 296만 원으로 조사되었다. 생명보험협회와 손해보험협회의 우수 인증 설계사(근속 기간, 모집 실적 등 종합평가)의 평균 연봉은 9,637만 원으로 1억에 육박했다. 우리나라 근로소득자의 2018년 평균 연봉이 3,650만 원 내외였고, 연봉 1억 원이 넘는 억대 연봉자는 4% 정도가 되었다.

여기서 주목해야 할 것은 보험업계 설계사의 평균 소득은 3,500만 원 내외였지만 우수 인증 설계사의 평균 소득은 1억 원에 육박한다는 점이다. 단순 비교해 봐도 보험 세일즈의 소득 부분은 직업 선택에 있어서 매력적인 것이 확실하다. 역시 '뭐니 뭐니 해도 Money가 최고'인 최상의 직업이다.

세계적인 물류기업인 페덱스는 '1:10:100의 법칙'을 경영에 적용하여 품질경영 분야에서 세계적인 권위를 인정받는 미국의 '맬컴 볼드리지 국가품질상'을 수상했다. 페덱스의 비결인 1:10:100법칙은 불량이 발생할 때 즉시 고치는 것은 1의 원가가 들지만, 불량에 대한·책임 소재의 문책이 두려워 불량 사실을 숨기고 그대로 출하하면 10의 비용이 발생하고, 불량품이 고객의 손에 들어가 손해배상 청구 건이 발생하면 100의 비용이 든다는 이론이다. 호미로 막을 것을 가래로 막는다는 속담처럼 기초 기본을 지키지 않으면 10배, 100배의 비용을 지불하는 낭비를 초래한다는 것이다.

보험 세일즈에서도 기초 기본을 지키는 활동을 우대한다. 2008년부터 생명보험협회와 손해보험협회에서는 근속 기간, 신계약 유지율, 모집 실적, 불완전 판매 건수 유무 등을 종합적으로 평가해 '우수 인증 설계사' 자격을 부여하고 있다. '우수 인증 설계사'가 되기 위해서는 동일 회사에 3년 이상 활동해야 하고, 불완전판매 0건, 보험업법 위반기록과 신용 질서 문란 사실이 없어야 하며 연 소득 또한 설계사 평균 소득 이상이어야 하는 등 조건이 까다롭다. 그래서 12년 연속 인증자가 164명(1.2%)에 그칠 정도로 우수설계사 인증 자체가 고객의 신뢰를 얻고 있다.

그런 우수설계사 인증을 10년 연속으로 받은 S사의 J설계사는 "기본에 충실하는 것"이 인증 비결이라고 한다. 그는 고객의 입장에서 최적의 상품을 제안하는 설계사 본연의 자세를 지키는 것이 중요하다고 강조한다. 또한 "행동 하나하나에 진심을 담아 고객을 대하며 보험 상품을 철저히 분석해 고객에게 정확히 설명하는 것이 원칙"이라며 기초와 기본에 대해 재차 역설한다.

기초와 기본을 지키는 보험 세일즈를 일정 기간 지속한다는 것은 꿈의 연봉이라는 1억 원을 달성하는 지름길임에 틀림없다. 당신이 원하는 소득을 올리기 위해 기초와 기본에 충실한 것은 당연하고 필수적으로 준수해야 할 규범이다. 기초와 기본이라는 북극성에 초점을 맞추고 보험 세일즈라는 여행을 출발하기 위해서 짐을 꾸려야 한다. 이 때 꼭 필요한 준비물 4가지가 있는데 이것을 약칭으로 'KASH'라고 한다. 지식(Knowledge), 태도(Attitude), 스킬(Skill), 습관(Habit)의 통칭이다.

'KASH'는 미국 생명보험협회에서 수십 년간의 경험과 데이터를 분석해 정립한 프로세스다. 자신이 원하는 성공을 이루려면 어떤 특정한 능력을 갖춰야 한다. 바로 지식과 기술에 대한 능력과 함께 적합한 태도를 갖춰야 하며 습관이 형성될 때 가능하다는 의미다. 어떤 분야든 성공에 대해 얘기할 때 'KASH'는 중요한 요소로 인용되고 있다.

보험신보에서도 'KASH' 성공방식을 강조하고 있다. 먼저 (지식)기본지식을 무시하고 선배나 주위의 경험만을 배우려고 하는 것은 성장의 한계가 있다. 상품지식과 기본지식을 완전하게 숙지해야 한다. (태도)적극적이고 긍정적인 사고와 태도가 중요하며, (스킬)세일즈 스킬은 두려움을 완벽하게 해결할 수 있는 방법이기에 단계별로 정확하게 익혀가야 한다. (습관)고객과의 소통과 부족한 것은 Role Play로 보완하고, 성공과 실패는 성공의 습관을 쌓아가는 것에 달려있다고 강조한다.

현금을 뜻하는 'Cash'는 이집트어로 맥주를 뜻하는 'Kash'에서 유래했다. 고대 이집트에서 맥주는 돈이자 권력으로, 현재의 Cash와 같은 의미였다. 임금의 일부를 맥주로 지불했으며 맥주의 도수와 양으로 사회적 지위를 구분했는데 평민 일꾼은 도수 낮은 1리터 보통 맥주를, 고위 관리는 도수 높은 3리터 고급 맥주를 마셨다고 한다.

보험업계에서는 언어유희로 소득을 올리려면 'KASH'를 충만하게 해야 한다는 의미로 〈KASH = CASH〉라는 황금률로 회자되고 있다.

보험설계사의 직업 만족도를 높이는 요소 중에 노력에 따른 적합한 소득이 자리잡고 있다. 성공적인 보험 세일즈에게 KASH는 CASH(소득)로 귀결된다. 따라서 KASH의 확장을 통해 CASH를 향상시키는 방법을 익히는 것은 매우 중요한 일이다.

※ 성공적인 보험 세일즈의 원칙 KASH

1. Knowledge

보험 세일즈에 대한 1차 자신감은 보험지식을 갖추는 데 있다. 2차 자신감은 RP를 통해서 그리고 최종적인 3차 자신감은 실제 활동을 통해 이뤄진다. 지식은 보험과 고객, 그리고 금융, 피플 비즈니스에 대한 영역으로 구분한다.

첫째는 보험에 대한 지식으로 보험에 대한 확고한 신념과 가치, 그리고 상품에 대한 정확한 이해와 숙지, 세일즈 포인트와 관련한 지식이다.

둘째는 고객에 대한 지식으로 다양한 유형의 고객에게 적합한 해결안을 제시할 수 있도록 세대별, 직업별, 상황별로 고객을 분류하고 접근하여 컨설팅할 수 있는 지식이다.

셋째는 금융에 대한 지식으로 보험을 포함한 전반적인 금융 분야의 지식을 의미하며 고객들의 다양한 요구사항과 필요사항에 솔루션을 제공하여 경쟁력을 확보하기 위한 지식이다.

넷째는 피플 비즈니스에 대한 지식으로 보험 세일즈는 고객과의 관계를 통해서 기적을 만드는 비즈니스이므로 고객과 어떻게 소통하고 공감해 갈 것인지 피플 비즈니스에 대한 세부적인 지식이다.

지식이 풍부하면 고객에게 보험에 대한 효용성에 대한 확신을 줄 수 있기에 니즈 환기를 좀 더 용이하게 할 수 있다. 고객과의 신뢰와 공감대를 구축할 수 있는 시금석을 만들 수 있다. 그래서 고객의 니즈나 요구, 궁금한 문제, 거절 등을 논리적이고 체계적으로 이해시킬 수 있는 전반적인 지식의 습득은 보험설계사가 갖추어야 할 가장 기본적이고 필수적인 사항이다.

2. Attitude

보험 세일즈의 자신감을 갖기 위한 기본적인 지식이 습득되고 나면 보험 세일즈에 대한 신념을 만들기 위해 올바른 태도를 갖춰야 한다. 태도는 3영역에서 갖춰진다.

첫째는 자신이 판매하는 상품과 회사에 대한 자부심과 확신으로 이뤄진다.

둘째는 긍정적인 사고방식, 즉 PMA를 가져야 하는데 강한 목표의식과 그 목표를 달성할 수 있다는 자긍심으로 이뤄진다.

셋째는 강한 신념을 갖는 것인데 보험을 통한 경제적 이익 이상의 정신적 가치에 대한 믿음과 확신에 의해 이뤄진다.

태도는 보험 세일즈를 성공적으로 이끌어 갈 수 있는 강력한 인프라다. 보험 세일즈를 실천하면서 긍정적인 태도를 통해 행복의 수익자가 되어야 한다. 보험 세일즈는 멘탈 비즈니스이기에 적극적이고 긍정적인 태도가 세상에서 가장 아름다운 기적을 만들 수 있다.

태도는 살아오면서 만들어진 주관적인 영역이기에 바꾸기가 어렵다. 하지만 새롭게 만들 수 있다. 지금까지 살아왔던 모습은 그대로 유지하고 보험 세일즈에서 성공하기 위한 새로운 태도로 나를 만드는 것이다. 예를 들어 거절을 부정으로 보는 것이 아니라 세일즈의 시작으로 보고 긍정적으로 받아들이는 태도를 갖는 것이다. 거절을 통해 고객이 자신의 말을 들었다는 증거로 삼아 어떻게 하면 고객의 거절을 계약 체결로 이끌어낼지 긍정적으로 사고하는 태도를 갖추는 것이다. 그러면 고객의 거절은 내가 성장할 수 있는 계기를 마련해 준 것이고 미래에 계약을 체결했을 때 가장 고마운 일로 기억에 남을 것이다. 고객의 거절은 자신의 부족한 부분을 솔직하게 충고해 준 긍정적인 피드백이며 성공의 자양분 같은 일이다. 이처럼 부정적인 현상에 대해 긍정적으로 해석하고 의미를 부여하는 연습을 지속적으로 실천하면 새로운 나의 태도를 만들 수 있다.

3. Skill

스킬은 기술이다. 지식은 그 자체만으로는 어떤 의미도 갖지 못한다. 지식은 스킬을 만남으로써 위대한 행동으로 이어질 수 있다. 이때 스킬은 상담 역량을 높일 수 있는 기회를 제공하고 나아가 고객의 변화에 적극적으로 대처할 수 있는 능력을 향상시켜 준다. 보험 상품

계약을 보다 효율적으로 체결하게 하는 테크닉이다. 보험 세일즈 기술에는 네 가지 영역이 있다.

첫째, 인간관계 기술로 고객에게 신뢰와 호감을 주는 휴먼 스킬이다. 질문하고 경청하고 피드백 하는 기술로써 짧은 기간에 습득되지 않아서 일정 기간 노력이 필요하다. 고객과의 상담 경험을 통해 배양해 갈 수 있다.

둘째, 검증된 판매방식을 습득하는 것으로 보험사별로 보험 세일즈를 추진하는 검증된 플래닝 프로세스가 있다. 그 과정을 체득함으로써 스킬을 향상할 수 있다.

셋째, 성공 컨설턴트들의 판매 스킬을 실습을 통해 자신의 것으로 만들어야 한다.

넷째, 치열해지는 영업환경과 변화 속에서 경쟁력을 확보하기 위해 차별화된 판매 스킬을 배양해야 한다.

이상과 같은 4가지 스킬을 고객에게 제대로 적용하려면 공통적으로 프레젠테이션 스킬과 클로징 스킬을 익혀야 한다. 프레젠테이션과 클로징 스킬은 고객을 설득해서 계약을 이끌어내는 데 매우 유용한 기술이다. 지식수준이 높고 태도가 출중하다 하더라도 고객과의 상담능력이 부족해서 즉 프레젠테이션과 클로징 스킬이 부족해서 완전 판매에 이르지 못한다면 모든 것은 무용지물이 될 수 있다. 계약 체결이라는 높은 산을 넘기 위해서는 스킬이라는 셰르파가 꼭 필요하다.

4. Habit

습관은 오랫동안 되풀이하는 과정에서 저절로 익혀진 행동 방식이다. 습관을 제2의 천성이라고 하듯이 좋은 습관을 몸에 익히는 것은 보험 세일즈의 성공을 좌우하는 척도다. 습관은 세 가지 영역으로 구성되어 있다.

첫째, 자기관리로 성공한 컨설턴트들이 잘 하는 것이다. 자기관리는 목표, 시간, 활동, 성과, 고객, 건강관리 등이 있으며 해당 부분마다 좋은 습관을 만들어 가야 한다. 보험 세일즈 초기에 롤 모델 컨설턴트를 결정해 닮아 가면 자기관리의 지름길을 알 수 있고 쉽게 적용할 수 있다.

둘째, 도덕성과 정직성을 유지하는 습관이다. 보험 세일즈 단계마다 고객에게 필수적으로 지키거나 전달해야 할 사항이 있다. 그런 준수사항을 보험 세일즈 초기부터 준수하는 습관을 만드는 것은 판매 윤리를 지키고 진정성 있는 컨설턴트로 자리매김할 수 있다.

셋째, 일을 시스템화하는 습관이다. 보험 세일즈는 고객의 심리상태 흐름에 따르는 과학적인 판매과정이다. 일일, 주간, 월간, 년간 목표와 활동관리, 그리고 판매율(방문 수와 계약 체결, 계약 체결과 소개 인원, 총 활동 시간과 성과 등)을 분석하고 자신과 고객 유형에 맞는 활동 시스템을 구축히는 일을 습관화해아 롱린할 수 있다.

습관은 지식을 통한 이론 무장, 긍정적 태도를 통한 정신무장, 상담 스킬을 통한 기술 무장이 몸에 체득되어야만 가능하다. 이러한 습관

화는 보험 세일즈의 완성이자 고소득을 창출할 수 있는 마지막 열쇠
가 될 것이며 Top 보험 세일즈로 안내해 줄 것이다.

Lesson 4

운명 한 번 바꿔봐!

사람은 제각기 그 운명을 스스로 만든다.

즉 운명이란 결코 하늘이나 신이 지배하는 것이 아니고

각자 자신의 손으로 자신의 운명을 만드는 것이다.

- 네포스

보험 세일즈를 시작하는 사람들과 얘기하다 보면 다소 급하게 생각하고 고객의 사소한 거절에 쉽게 포기하려는 사람들이 많다는 것을 알 수 있다. 이런 조급함은 일정 기간 내에 성과가 나와야 하는 보험 세일즈 특성과 경제적인 목표 달성에 대한 부담감 때문에 생기는 자연스런 현상일 것이다. 성과가 필수적인 보험 세일즈의 특성은 당연하게 받아들일 수 있지만 경제적인 목표에 대한 부담감은 쉽게 적응하기가 어렵다. 그러면 같이 시작한 컨설턴트의 성공을 곁에서 지켜보며 비교하는 마음이 생겨서 괴로움에서 벗어날 길이 없다.

물론 경제적 목표를 달성하기 위해 열정을 다하는 것은 지극히 아름다운 모습이다. 그러나 지나치게 강한 경제적 목표와 열정은 오히려 발목을 잡아 한 걸음도 나아가지 못하게 할 수 있다. 조금 더 여유를 갖고 천천히 갈 필요가 있다.

초기 보험 세일즈를 잘하는 사람들의 특성은 보험 세일즈를 시작하기 이전에 각종 모임 등에 참석해 많은 지인들로부터 사전에 자발적인 도움을 받아 둔 경우가 많다.

하지만 대부분 초기 보험 세일즈는 어려움을 겪을 수밖에 없다. 이것을 당연한 현상으로 받아 들여야 한다. 그런데 사람 마음이 그렇지 않다. 머리로는 이해가 되지만 마음은 받아 들일 수 없어 초기에 스스로 초라한 생각에 빠질 때가 많다.

누구나 성실하게 노력했음에도 불구하고 생각지도 못한 어려운 상황을 만나 고민의 늪에 빠지는 경우가 있다. 힘들어도 너무 힘든 세상에 꼬인 인생을 원망하며 한숨만 내쉬곤 한다. 현재 어려운 상황을 극복하기 위해 인생을 바꿀 수 있다는 자기계발서를 찾아보지만 답을 찾기 어렵다. 이내 운명이라는 것에 맡겨 버리고 고민을 마무리한 경우도 많다. 아마도 답답한 마음을 운명 탓으로 돌려버릴 수만은 없다.

운명은 자신의 마음과 생각, 노력에 따라 얼마든지 바꿀 수 있다. '운명(運命)은 재천(在天)'이라는 말이 있기는 하지만 타고난 사주팔자나 나쁜 기운을 제어하기 위하여 마음과 행동을 달리하면 얼마든지 바꿀 수 있다.

아모르파티(Amor Fati), '운명을 사랑하라'는 독일의 철학자 니체(Friedrich wilhelm Nietzsche)의 사상 중 하나이다. 인간에게 필연적으로 다가오는 운명을 감수하는 것으로 그치는 것이 아니라 오히려 긍정하고 자신의 것으로 받아들여 사랑하는 것이 인간 본연의 창조성을 키울 수 있다는 사상이다. 자신의 운명은 거부하는 것이 아니라 개척해 나가야 한다는 것이다.

'떼돈'은 누구나 벌고 싶어한다. 그런데 "떼돈"을 반복해 보라. 어느 순간은 "때돈"으로 나올 때가 있다. '때돈'을 '떼돈'으로 착각하고 있는 것은 아닐까 생각해 보게 한다. 그래서 필자는 '때돈'을 위해 보험 세일즈를 시작하는 사람들에게 최소한 1년 정도 최선을 다해보라고 강조한다. 지금의 열정을 1년 정도 지속하면 '때돈'이 '떼돈'으로 들어올 수 있다.

불교에서는 몸, 입, 뜻으로 짓는 동작과 말, 행동으로 인과를 불러온다고 한다. 그래서 전세의 인(因)을 알고 싶으면 금생에 받는 것을 보고, 내세의 과(果)를 알고 싶으면 금생에 뿌리는 인을 보라고 한다. 즉 지금 현재 내가 무엇을 하고 있는지 잘 살펴보라는 것이다. 이런 불교의 인연과보(因緣果報)는 운명을 얼마든지 바꿀 수 있다고 본다. 그중에 하나가 변수(變數)를 지배하여 새로운 씨앗을 뿌려가는 방법이다. 운명은 변하지 않는 상수(常數)와 수시로 변하는 변수(變數)로 작용한다. 과거에 지은 업은 상수로서 변할 수 없지만, 지금 생각하고, 말하고, 행동하며 짓는 업은 변수로서 얼마든지 자신의 의지대로 조절할 수 있기에 여기에 집중하면 미래의 운명은 얼마든지 바꿀 수 있다. 쉽게 말해 운명을 바꾸려면 지금 이 순간 악행을 심가고 신행을 쌓으면 된다는 것이다. 지금 하는 일에 최선을 다하면, 운명은 그 원인에 따라 새로운 결과를 만들 수 있다는 것이다.

"한 푼 줍쇼."

30년 동안 길가에서 구걸을 해온 거지가 오늘도 이러고 있었다. 지나가던 행인이 거지에게 물었다.

"난 가진 것이 아무것도 없으니 도움을 줄 수가 없다. 그런데 당신이 걸터앉아 있는 그건 무엇입니까?"

거지가 답했다.

"이건 그냥 낡은 상자일 뿐입니다. 난 늘상 이 상자 위에 걸터앉아 있었습니다. 언제부터인지는 모르지만, 어쨌든 쭉 나는 이 상자 위에 앉아 있었는데 무슨 문제라도 있습니까?"

행인은 상자를 가리키며 말했다.

"한 번이라도 그 안을 들여다본 적이 있습니까?"

"그건 봐서 뭘 하겠습니까? 안에는 아무것도 없습니다."

"안을 한 번 들여다보면 좋겠습니다."

행인이 다그치자 거지는 마지못해 상자의 뚜껑을 열었다. 상자 안에는 놀랍게도 황금이 가득 차 있었다.

운명이 정해져 있다고 생각하는 사람은 거지처럼 자신이 갖고 있는 보물상자를 열어볼 생각도 하지 못하는 것과 같다. 참으로 안타까운 일이다.

지금 운명이 정해졌다고 생각하는 사람에게는 힘든 상황이 걸림돌일 수밖에 없다. 하지만 운명은 얼마든지 바꿀 수 있다는 사람에게는 모든 것이 다 새롭게 시도해볼 수 있는 기회이자 디딤돌이 될 수 있다.

"~때문에 안 된다"고 하는 운명론자는 보석상자 위에 앉아서 구걸하는 거지와 다를 바가 없다. "~에도 불구하고"고 운명을 새롭게 개척할 수 있다고 생각하는 사람은 자신이 가진 것에서 장점을 찾아 새로운 씨앗을 뿌려갈 수 있다.

"금세기 위대한 발견은 물리학, 과학 분야나 공장을 건설하고 로켓을 우주에 보내는 분야가 아닙니다. 사람이 생각을 바꿀 때 그 사람의 인생 전체가 바뀐다는 것을 알았다는 것입니다."

미국의 심리학자 윌리엄 제임스는 이렇게 생각의 위대한 힘을 강조했다.

"생각이 바뀌면 행동이 바뀌고, 행동이 바뀌면 습관이 바뀌고, 습관이 바뀌면 인격이 바뀌고, 인격이 바뀌면 운명이 바뀐다."

그의 유명한 명언은 이렇게 탄생했다. 우리에게 운명은 지금 어떤 생각과 어떤 행동을 하느냐로 얼마든지 바꿀 수 있다는 것을 일깨워준 것이다.

긍정적으로 생각하는 사람들은 고객에게 보험의 위대함을 설명하는 자신을 생각하면서 마음이 설렐 것이다. 하지만 부정적인 생각을 하는 사람들은 시작하기도 전에 고객으로부터 거절을 생각하며 걱정에 빠져들 것이다. 같은 시작이지만 생각에 따라 방향이 완전히 달라지는 것이다. 그리고 그 생각 하나가 그들을 성공이냐, 포기냐 하는 운명의 길로 인도하는 것이다.

※ 운명을 바꾸는 방법

1. 생각을 바꿔서 말을 바꾼다

초기 보험 세일즈 교육 기간 중에 보험과 자기 자신에 대한 생각을 긍정으로 바꾸는 것은 매우 중요하다. 그것이 고객을 설득하는 말을 바꿔주는 원동력이기 때문이다.

생각을 바꾸기 위해서 과거의 부정적인 관점을 바꾸는 '리프레이밍(Reframing)' 기법을 익혀보자. 이것은 '새로운 신념 → 왜냐하면 → 자신의 자원' 순으로 생각해서 생각을 바꾸는 기법이다. 예를 들어 보험 세일즈에 자신감이 없다는 것에 리프레이밍 기법을 적용하면 다음과 같다.

(새로운 신념)나는 지금 보험 세일즈에 자신감이 없다는 것은 능력이 없다는 것을 의미하는 것은 아니야. **(왜냐하면)**누구나 처음부터 잘하기는 어렵고, **(자신의 자원)**나는 이전 직장에서도 누구나 어렵다고 했던 A프로젝트를 성공적으로 마무리했던 저력이 있는 사람이거든'

이렇게 보험과 리프레이밍 하면 긍정적인 생각으로 바꿀 수 있다.

2. 말을 바꿔 행동의 변화를 꾀하라

법정스님은 말은 생각을 담는 그릇이기 때문에 생각이 맑고 고요하면 말도 맑고 고요하게 나온다고 했다. 말을 긍정적으로 바꾸면 생각도 긍정적으로 바뀌고, 궁극적으로 행동의 변화를 꾀할 수 있다고 했다.

보험 세일즈에서 고객에게 보험에 대해 긍정적으로 말할 수 있다는 것은 정말 큰 무기다. 따라서 운명을 바꾸고 싶으면 생각의 변화를 통해 말을 바꿔나가야 한다.

"말을 조심하세요. 그것은 언젠가 행동이 될 것입니다."

테레사 수녀의 말은 그만큼 말의 중요성을 강조하고 있다. 보험 세일즈는 말을 통해 고객의 행동 변화를 유도하는 직업이기에 긍정적으로 말을 바꾸는 것은 그만큼 성공의 길에 가까이 다가가는 길이다. 물론 말을 긍정적이고 효과적으로 하려면 다음과 같은 스킬을 익혀야 한다.

첫째, 연역식으로 사실을 단정해서 말한다. 뇌는 단어나 문장의 앞부분을 강하게 인식한다. 예를 들어 "배고프니까 밥 먹자"라는 문장은 배고프다는 것을 강하게 인식하기에 먹는 음식의 효과를 떨어뜨릴 수 있다. 이때는 "밥 먹자, 배고프니까"라고 말하는 것이 음식의 효과를 높이는 방법이다.

"시험에 떨어지지 않으려면 공부하자."

이 말도 시험에 떨어진다는 말이 앞에 있음으로 해서 공부하자의 효과를 떨어뜨릴 수 있다. 공부하자에 초점을 맞추려면 이렇게 바꿔야 한다.

"공부하자, 시험에 떨어지지 않으려면"

둘째, 비유를 활용해서 말한다.

비유란 표현하고자 하는 대상을 다른 대상에 빗대서 표현하는 방법이다. "보험은 사랑입니다"라는 슬로건이 비유를 활용한 표현이다. 비유는 상대방에게 핵심을 구체체적으로 이해하기 쉽게 전달하는 효과가 있다.

셋째, 'I 메시지'로 말하라.

'I 메시지'는 대화할 때 '나'를 주어로 표현하는 방법이다. 상대방의 말이나 행동에 감정적으로 반응하지 않고, 자신의 생각이나 느낌을 사실대로 말해서 설득력을 높이는 기법이다.

'I 메시지'는 '(행동, 관찰)고객님께서~했을 때 → (나의 느낌)저는 ~했다. (왜냐하면)고객님의 말(또는 행동)은 제 감정을 ~하게 만들 었기 때문이다. (나의 바램, 욕구)그래서 ~해주셨으면 좋겠다.' 순으로 이뤄진다.

'I 메시지'를 활용하면 상대방의 의견을 존중하면서 자신의 의견을 명확하게 전달하고 공감대를 만들 수 있다. 보험 세일즈 활동 중 필수적으로 익혀야 할 표현 방법이다.

3. 습관의 변화로 태도를 바꾼다

몽테뉴는 "습관은 제2의 천성"이라고 했다. 습관이 그 사람의 인격을 만든다는 것이다. 자신도 모르게 몸에 배어 있는 습관은 우리 인생에 큰 영향을 끼치기 때문에 아리스토텔레스는 "습관은 이성보다 강하다"고 했다.

고객으로부터 인정받는 컨설턴트가 되고 긍정적인 성과를 이루려면 습관이 중요하다. 보험 세일즈를 시작하는 사람들은 경험이 없기에 보험 세일즈 관련해 어떤 습관을 만들어야 할지 어려워한다.

미국의 의사 맥스웰 몰츠 박사는 『성공의 법칙』에서 "어떤 행동이든 21일 동안만 계속하면 습관을 바꿀 수 있고 새롭게 만들 수 있다"고 했다. 21일은 생각이 의심, 고정관념을 관장하는 대뇌피질과 두려움, 불안을 담당하는 대뇌변연계를 거쳐 습관을 담당하는 뇌간까지 이르는데 걸리는 최소한의 시간이다.

초기 보험 세일즈 시기에는 21일 동안 반복할 수 있는 작은 습관을 정하는 게 중요하다. 예를 들어 교육 시작 30분 전 출근, 매일 지인 3명에 자신의 일 알리기, 귀가 전 책상 정리, 매일 지인 5명에게 전화하기, 긍정적인 미래 상상하기, 매일 성공 컨설턴트 상담하기, 매일 한 줄 화법 암기하기, 활동계획 수립하기 등 하고 싶은 일보다는 할 수 있는 행동을 21일 동안 반복하는 것이다.

행동 반복으로 작은 습관을 만든다면 큰 성공으로 나가는 길을 다져놓은 것이다. 이제 당당하게 발걸음만 내딛으면 된다.

태도는 습관을 통해 마음이 겉으로 드러난 모양이다. 보험 세일즈에서의 태도는 고객의 반응을 수용하는 마음의 그릇을 나타난다. 그릇의 크기나 모양에 따라서 고객과 자신의 상황에 대한 반응이 달라질 수 있다. 고객과의 관계는 호감이나 비호감의 차이가 나타나는데 그 차이에도 태도가 큰 비중을 차지한다. 보험 세일즈의 성공은 고객과의 관계에 의해서 좌우되는데, 그 관계를 좌우하는 것이 바로 태도다.

태도는 초기 보험 세일즈에서 지식과 기술, 그리고 습관을 통해 바꿔나갈 수 있다. 자신을 긍정적으로 바라보고, 그것을 습관화 해서 자연스럽게 태도로 드러나게 만들어야 한다.

스위스 심리학자 칼 매닝거는 "태도는 사실보다 중요하다"고 말했다. 사실을 어떻게 받아들일 것인지를 결정하는 태도로 드러나기 때문이다.

운명을 바꾸는 생각, 말, 행동, 습관, 태도의 변화는 종합적으로 동시에 일어난다. 생각이 바뀌어서 말이 바뀔 수 있고, 말이 바뀌어서 생각이 바뀔 수 있다. 생각이 바뀌면서 행동이 바뀌고, 행동이 바뀌면서 습관이 바뀔 수 있다. 중요한 것은 고객은 생각, 말, 행동, 습관을 통해 겉으로 드러나는 태도로 컨설턴트를 평가하고 받아들인다는 것이다. 고객에서 설득력을 높이려면 습관을 고쳐서라도 태도의 변화를 이끌어 내야 한다.

〈태도〉를 바꾸지 않으면 〈도태〉될 수 있다.

〈태도〉를 바꾸면 〈운명〉도 바꿀 수 있다.

무엇을 선택할 것인가는 당신의 몫이다.

☞ **信의 한 수 | 운명 바꾸기 프로젝트**

당신이 꾸준히 실천하면 놀라운 결과를 가져올 한 가지 활동이 있다면?

■ **개인**

_____

■ **일터**

_____

1인 기업 CEO로 시작하라

성공의 커다란 비결은 결코 지치지 않는 인간으로 인생을 살아가는 것이다.

- 알버트 슈바이처

"보험 세일즈가 좋은 것은 이제 알겠어요. 그래서 나도 진짜 하고 싶어요. 그런데 자신감이 없어 시작조차도 못하겠어요. 어떻게 해야 하죠?"

모 보험사에서 주최하는 보험 세일즈 설명회를 끝마치고 교육담당 자와 참석자 몇 분과 함께 식사를 할 때 들은 말이다. 식사 자리에서 강의를 할 수도 없고 해서 커피숍으로 자리를 옮겨 얘기를 이어 갔다. 보험 세일즈를 시작한다는 것은 '1인 기업'을 창업하는 것이고, 활동하는 것은 'CEO의 역할'을 하는 것이라는 이야기를 강조했던 기억이 새롭다.

그때 대화 중에 가장 많이 나왔던 단어가 '두려움'이었다. 참석자들이 느끼는 두려움은 보험 세일즈를 시작하지도 경험하지도 않은 상태에서 느끼는 막연한 것이었다. 그래서 자부심을 갖기 위해 1인기업의 CEO 역할을 하는 것이라고 강조했던 것이다. 남들이 부러워하는 대기업의 CEO에게는 간절하고 절실한 마음이 있기에 두려움이 들어올

틈이 없다. 회사를 책임지고 성장시켜야 하는 CEO에게 두려움이 생긴다면 그 순간에 모든 것은 와르르 무너질 수밖에 없기 때문이다.

'1인 기업'이라는 개념은 세계적인 경영컨설턴트 톰 피터스가 최초로 소개했다. 그는 1인 기업을 자신이 가진 최고의 서비스를 고객에게 제공하는 기업이라는 개념으로 'Professional Service Firm'이라고 했다. 자신을 환경에 종속되어 있지 않은 독립된 사업체로 생각하라는 것이다.

우리나라의 1인 기업은 1998년 IMF를 거치면서 벤처 창업, 고용시장 변화, 청년 취업의 한계, IT기술 발전 등 사회 현상이 반영되어 급격하게 증가했다. 2018년 창업 기업 92만개 중 1인 기업은 82만1000개사로 89.3%를 점유했고, 제4차 산업혁명 시대와 맞물려 지속적으로 증가하고 있다.

최근 국내에서 한 어린이 유튜버가 90억 원이 넘는 빌딩을 매입하여 화제가 되었다. 성인 10명 중 6명이 미래의 유튜버를 꿈꾼다는 조사 결과를 보면 창의성을 발휘하는 1인 기업의 증가는 필연적으로 다가올 미래의 모습이다. 따라서 1인 기업의 근간인 전문적인 서비스, I·브랜드, 주식회사 나, 독창성, 창의성, 전문성, 시대의 흐름 등을 보험 세일즈에 접목한다면 성공적인 시작과 큰 성장을 예견할 수 있다.

1인 기업은 기획 단계부터 생산, 마케팅, 홍보, 영업 등의 모든 단계를 혼자 해내는 형태를 띠고 있다. 정부에서도 창의성과 전문성을 갖춘 1인, 또는 5인 미만의 공동사업자로서 상시 근로자 없이 사업을 영위하는 자를 1인 창조기업으로 지정하여 다양한 정책을 지원하고 있다.

보험 세일즈는 자신이 창업하고 성장시켜 이익을 창출하기 위한 계획과 실행을 자신이 책임지는 1인 기업이라는 마인드를 가져야 한다. 그래야 막연히 울라오는 두려움을 이길 수 있다. 그리고 무엇을 선택하고 어떻게 해야 할 것인지에 대해서 집중해서 자신의 문제로 해결해 나갈 수 있다.

기업의 목표를 달성하기 위한 핵심적인 경영마인드는 고객을 최고로 생각하는 고객 중심 마인드, 경쟁 우위를 확보하기 위한 최고 경쟁 우위 마인드, 그리고 기업의 가치를 극대화하는 가치 극대화 마인드를 들 수 있다.

"왜, 무엇을 위해 존재하는가?"

"반드시 만족시킬 대상은 누구인가?"

"고객은 무엇을 가치 있게 생각하는가?"

"어떤 결과가 필요한가? 앞으로 무엇을 할 것인가?"

피터 드러커는 경영마인드를 결정하는 가이드로 5가지 질문을 들었다. 1인 기업의 미션, 고객, 고객 가치, 결과, 계획 등 5가지 영역을 선택함으로써 강력한 초점을 맞출 수 있다.

기동호 코리아에셋 투자증권 대표는 특강에서 대학생들에게 직장,

직업, 취업보다는 창업에 집중하라고 조언했다. 비단 대학생들만의 진로 방향이 아닌 제4차 산업혁명 시대를 사는 모든 이들의 일에 대한 방향으로 받아 들여야 한다. 보험 세일즈를 시대의 흐름을 따라잡는 창업, 창직의 길로 여긴다면 그만큼 높은 가치를 부여하고 자부심을 갖고 일을 해나갈 수 있다.

1인 기업과 보험 세일즈의 창업은 공통점이 많다.

첫째, 과거의 경험을 기초로 한다. 과거로부터 만들어진 자신의 인적자산을 긍정적으로 인정하고 그들과 좋은 관계를 유지할 수 있도록 이끌어 가야 성공할 수가 있다.

둘째, 틈새시장을 공략해야 한다. 1인 기업은 대기업과 경쟁하기보다 상생하면서 틈새를 찾아야 한다. 예를 들어 대기업이 효율성 향상을 위해 1인 기업에 아웃소싱 하는 경우가 많은데 그 부분이 틈새시장인 것이다. 초기 보험 세일즈 활동도 기존에 활동을 하고 있는 컨설턴트가 터치하지 않는 시장을 찾아야 한다. 예를 들어 계약을 체결했던 컨설턴트가 그만 두면 그 계약은 관리의 사각지대에 놓이게 된다. 그때 초기 보험 세일즈의 차별화된 열정으로 접근하면 관리의 사각지대에 놓인 고객을 더 충실하게 관리할 수 있다.

셋째, 분야에 대해서 잘 모르면 오히려 독창적일 수 있다. 세상에 대한 지식과 경험이 없는 아이들이 가장 독창적이듯이 독창성만 본다면 아는 것이 병이 되고 모르는 것이 오히려 약이 될 수 있다. 마찬가지로 1인 기업을 창업하는 데는 모르는 게 약인 경우도 많다. 모르는 것만큼 두려움이 없기에 다소 무모하다 싶은 도전정신을 발휘해서 성공할 수 있는 것이다.

제4차 산업혁명 시대의 큰 흐름인 창업, 창직의 세계에서 1인 기업을 창업하고 성장시켜 가기 위해서는 자신만의 독특한 CEO 마인드를 구축해야 한다. 보험 세일즈 CEO 마인드에는 크게 다음과 같은 세 가지가 있다.

※ 보험 세일즈 CEO 마인드 세 가지

1. Copy 마인드

자신만의 롤 모델(Role Model)을 찾는 것이다. 롤 모델 과정과 결과를 그대로 카피해 가면 보험 세일즈 성공은 가까운 현실이 된다. 롤 모델은 보험 세일즈의 북극성을 가리키는 나침반과 같다. 그들의 성공경험을 청취하거나 피드백을 받음으로써 자신만의 성공 로드맵을 만들면 시행착오를 줄일 수 있으며 자신감을 가질 수 있어 그만큼 성공 가능성도 높아진다.

롤 모델을 선정할 때는 객관적 기준이나 평판을 중요하게 여겨야 한다. 교육담당자 등 누군가의 도움을 받으면 좋다. 보험 세일즈로 안내해준 유치자가 좋은 롤 모델이 될 수 있다. 가급적 큰 세일즈 성과를 내는 사람보다는 보험 세일즈 과정에 충실하고 활동력이 많으며, 주위 평판이 좋은 롤 모델을 선정하는 것이 좋다. 높은 성과를 내거나 장기간 활동한 컨설턴트는 보험 세일즈를 시작하는 사람에게 다소 위화감을 줄 수 있다.

롤 모델을 결정한 후 상담을 시작하는데 그 활동을 '멘토링'이라 한다. 롤 모델과의 멘토링 시작에 앞서 형식을 갖춰 상담을 요청한 후 멘토링 체크리스트를 준비하면 효과적이다. 체크리스트 항목은 시장별 활동방법, 고객 발굴, 친숙 방법, Ship, 화법 등 구체적으로 알고 싶은 현장 적용방법을 작성한다. 그리고 정기적으로 멘토링을 실시하는 것이 효과적이다. 롤 모델과 일정을 협의하여 시간계획을 수립하는데 일주일에 1회, 월 4회 정도가 적당하다. 롤 모델과는 보험 세일즈 활동 기간 중에 수시로 도움을 주고받을 수 있기에 관계 형성에 유의해야 한다.

2. Epilogue 마인드

보험 세일즈를 시작하고 싶다는 마음을 먹었다면 보험 세일즈에 대한 프롤로그는 완성된 셈이다. 이제 에필로그를 완성하기만 하면 된다. 에필로그란 연극이나 영화 등이 끝나는 부분을 말한다. 보험 세일즈 활동을 통해서 이루고 싶은 꿈을 선택하는 것이다. 성공 스토리의 에필로그가 중요한 것은 뇌와 신경 시스템의 두 가지 특성 때문이다.

첫째, 뇌와 신경 시스템은 실제로 일어난 것과 상상 속에서 일어난 일을 구분하지 못하기에 과거, 현재, 미래 시제나 참과 거짓을 동일시하거나 비슷하게 반응한다. 미래의 모습을 상상하면 그것을 현재의 모습으로 인식하는 것이다. 원하는 것이 이루어진 모습을 상상하면 즉시 기분이 좋아지고, 그만큼 성공할 확률이 높다. 이런 점을 이용해서 에필로그, 즉 목표를 수립한 후의 성공 스토리를 작성하는 것은 매우 중요한 일이다.

둘째, 뇌의 어퍼메이션 현상을 활용한다. 어떤 목표를 생각하고 기록하면 목표에 대한 이미지와 메시지가 무의식에 저장되고, 목표가 저장되면 뇌는 자연스럽게 활동을 지시하고 행동을 시작하게 되는 현상을 말한다. 에필로그, 즉 목표를 작성하면 지금 당장 행동으로 옮길 수 있는 힘을 키워준다.

에필로그의 예를 들면 하고 싶고, 되고 싶고, 갖고 싶은 것을 순서대로 선택한다. 하고 싶은 것으로 자신에게 컨설팅 받은 고객이 행복해하며 매월 20명의 신규 고객을 확보하고, 되고 싶은 것으로 연봉 1억의 고소득자가 되고, 갖고 싶은 것으로 벤츠 승용차라는 것을 정했다고 하자. 그리고 3가지 모두가 달성될 날짜를 결정해보자. 2021년 12월 21일. 이렇게 하고 그날 일어날 일들을 상상해보자. 20명의 신규고객을 확보하고, 1억 원 연봉을 달성했으며, 벤츠승용차를 타고 있는 자신의 모습이 생생하게 떠오를 것이다. 그런 상상을 지속적으로 반복하면 실제로 달성된 것 같은 느낌을 가질 수 있고, 그렇게 무의식에 저장된 것을 행동으로 옮길 수 있기에 성공 가능성도 그만큼 높아지는 것이다.

인간은 자유의지에 따라 스스로 선택할 수 있는 능력을 갖고 있다. 뇌는 실제상황과 상상을 구분할 수 없기에 자신만의 에필로그가 달성된 그 지점에서 행동을 시작하면 기분이 좋아지고, 실제로 그것이 현실이 다가오는 기적을 만날 수 있다. 1인 기업인 보험 세일즈 성공 스토리의 에필로그를 작성해 보자.

3. Open 마인드

보험 세일즈를 시작하겠다고 마음먹은 순간부터 부정적인 고정관념이 걸림돌로 다가온다. 초기에는 그 걸림돌이 더 큰 장애물로 작용하는 경우가 많다. 이 때 마음을 열고 현상을 있는 그대로 받아들일 수 있다면 고정관념은 즉시 사라지게 할 수 있다.

오픈 마인드는 초기 보험 세일즈 시기에 적극적인 활동을 가능하도록 만드는 강력한 무기다. 열린 사고는 다양성을 이해하며 상황을 있는 그대로 받아들이는 마음이다. 보험 세일즈 초기에 다양한 인풋을 다각적으로 해석해서 긍정적으로 받아들이는 마음이다. 여기에는 네 가지 오픈 마인드가 필요하다.

첫째, 사람에 대한 오픈 마인드다. 초기 보험 세일즈에서는 고객을 선별해서 만나는 경향이 많다. 활동 시 보험 지식과 스킬, 그리고 경험이 부족해서 쉽게 사람을 만나기가 껄끄럽다 보니 만나기 편한 사람들만을 만나는 것이다. 이렇게 선별적으로 만나다 보면 나중에는 더이상 만날 사람이 없어져서 힘들어질 수밖에 없다.

이때 중요한 것이 보험 외적인 이야기나 내가 가지고 있는 소중한 정보를 공유하겠다는 마음으로 편하게 사람을 만나는 오픈 마인드가 필요하다. 사람은 얼마든지 쉽고 편하게 만날 수 있다. 그렇게 만나서 자연스럽게 그들에게 소중하고 중요한 정보를 공유하다 보면 자연스럽게 고객도 늘어나기 마련이다.

둘째, 시대에 대한 오픈 마인드다. 지금의 보험 세일즈는 '면대면 세일즈'를 포함해 다양한 채널이 있다. SNS를 활용하여 높은 성과를 내는 컨설턴트도 많다. 이제 인공지능 시스템은 고객의 요구사항을 더욱더 다양하게 만든다. 그래서 다양한 시대 변화를 적극적으로 수용하는 오픈 마인드가 필요하다. 과거의 성공 방법으로 미래의 성공을 보장받을 수 없다. 기존의 보험 세일즈 성공 방법에 인공지능 시스템, SNS 등 다양한 마케팅 기법을 접목해야 그만큼 성공 가능성도 높아진다.

셋째, 가능성에 대한 오픈 마인드다. 초기 보험 세일즈 기간은 기쁨보다는 답답함을 더 많이 느끼는 때다. 이때 가능성에 대한 오픈 마인들을 갖지 않으면 스스로 자신만의 가능성을 감옥에 가둬버리는 실수를 범할 수도 있다. 이럴 때일수록 가능성에 대한 오픈 마인드로 스스로 동기부여를 할 수 있어야 한다.

예를 들어 비전 카드를 작성하여 매일 보거나, 녹음하여 듣고 말함으로써 자신의 비전을 뇌에 각인해서 행동을 유도하는 방법이 있다. 성공적인 보험 세일즈를 통해 갖고 싶은 것이 있는 장소를 미리 방문하여 꿈이 달성된 것을 느껴보는 것도 좋은 방법이다. 성공한 컨설턴트들과 정기적인 모임을 통해 긍정적인 자극을 받는 것도 스스로를 동기 부여할 수 있는 좋은 방법이다.

넷째, 배움에 대한 오픈 마인드다. 보험 세일즈를 시작하면 금융, 상품 지식, 판매 스킬에 대한 갈증이 심할 것이다. 초기 보험 세일즈 기간에는 보험 지식과 스킬에 대한 배움과 동시에 자신에 대해서 더 많이 알 수 있는 시간을 가질 필요가 있다.

오픈 마인드는 아이들과 같은 마음을 갖는 것이다. 호기심이 많고, 누구를 만나더라도 거리낌이 없으며, 금방 친해지고, 항상 질문하는 아이들의 특성을 실천하는 것으로, 오픈 마인드는 1인 기업인 보험 세일즈를 더욱더 풍성하게 만들어 줄 것이다.

"작은 일을 시작해야 위대한 일도 생긴다."

페이스북 CEO 마크 저커버그의 말은 아직 보험 세일즈 도전을 머뭇거리고 있는 이들에게 용기를 준다. 1인 기업의 CEO와 경영마인드를 숙고하면서 작은 시도를 지금 당장 실천해 나간다면 위대한 창업의 길로 나갈 수 있다.

성공은 움직이는 자의 몫이다. 당신은 성공하는 1인 기업의 CEO다.

인지상정(人之常情)의 마음으로 시작하자

위대한 사람은 기회가 없다고 원망하지 않는다.

- 랄프 왈도 애머슨

"보험 세일즈는 너무 어려운 것 같아요. 고객의 거절을 이겨낼 자신이 없어요. 하다가 그만 두면 주위 사람들이 뭐라고 하겠어요. 경쟁이 너무 치열해서 나는 이길 자신이 없어요."

무슨 일이든 '인지상정'으로 받아들여서 시작하면 되는데 자신을 지나칠 정도로 냉정하게 생각해서 시도조차도 못 하겠다는 말이다. 참으로 안타까운 일이다.

'인지상정'은 사람이라면 누구나 가지는 보통의 인정을 말한다. 사람이 있는 곳이라면 어디서나 느낄 수 있는 인정이다. 부모가 자식을 사랑하는 마음이나 어려운 이웃을 도와주고 싶은 마음 등도 인지상정이다.

지하철 승강장에서 진통을 호소하는 만삭의 산모를 도와 새 생명의 탄생을 도운 중원대 보건행정학과 2학년 조문성 씨와 역무원 그리고 시민들의 마음이 인지상정이다. 임산부 A씨는 서울 지하철 1호선으로 이동하던 중 진통을 느끼고 용산역에서 내린 뒤 승강장에 주저앉았고 남편은 "살려 달라"고 주변에 요청했다. 학생은 부부를 발견하고 학교에서 배운 대로 응급처치를 했고, 역무원과 주변의 시민들은 119에 구조요청을 하고 새 생명의 탄생을 도왔다. 모두의 도움으로 일주일 뒤 산모와 아기가 건강하게 퇴원할 수 있었다. 학교에서 학생에게 표창장을 수여하는 마음도 인지상정이다.

사람은 이처럼 누구나 어려운 사람을 만나면 도움을 주려는 마음이 있고, 착한 일을 한 사람을 보면 칭찬하거나 존경하려는 마음이 있다. 그래서 세상은 살 만한 것이다.

경제협력개발기구(OECD)는 한국의 청년 5명 중 한 명(18.4%)은 취직하지 않거나 교육 훈련도 받지 않는 '니트족'으로 살고 있다는 분석 결과를 발표했다. 이런 배경에는 청년층이 원하는 질 좋은 일자리가 별로 늘지 않았기 때문에 기성세대로서 책임감을 느끼는 것도 인지상정이다. 그런데 그렇게 어려운 취업 관문을 통과했는데도 입사 후 1년을 넘기지 못하고 조기 퇴사하는 경우가 늘어가고 있다고 한다. 최근 1년간 신입사원을 채용한 416개 기업을 대상으로 조사한 결과 신입사원 10명 중 3명은 4~5개월 만에 회사를 떠난 것으로 조사됐다. 입사자 대비 조기 퇴사자의 비율은 평균 31.4%로 2018년보나 5.4% 늘어났다.

기업이 생각하는 조기 퇴사자의 증가 원인은 개인의 만족이 가장 중요해서(62.6%, 복수응답), 평생직장 개념이 약해져서(56.4%), 끈기와 인내심이 부족해져서(40.5%) 순이었다.

이에 반해 조기 퇴사자들이 밝힌 퇴사 이유는 적성과 맞지 않는 직무 59.2%(복수응답), 조직 부적응(26.4%), 낮은 연봉(23.3%) 담당 업무 불만족(23.2%) 순으로 조사되었다. 떠나는 사람과 잡고 싶은 기업의 입장이 서로 다르게 나타나는 것은 어쩔 수 없는 일이다.

이것을 제3자의 입장에서 보면 "신입사원 시절은 누구나 힘드니까 1년 정도만 조금 참고 적응하면 좋아질 텐데", "회사에서는 신입사원을 정착시키기 위해 조금만 더 노력해 주었으면 좋았을 텐데"라는 생각이 드는 것도 인지상정이다.

개인이나 조직의 많은 문제를 인지상정의 마음만으로 해결할 수는 없지만, 인지상정은 문제를 해결할 수 있는 작은 단초를 제공해준다. 문제를 상식적인 관점에서 바라보고 해결하도록 이끌어준다.

역지사지도 인지상정이다. 사람은 누구나 자기 입장에서 생각하는 마음이 있기에 문제가 생길 때는 서로 입장을 바꿔 생각할 때 공감을 얻어 문제를 해결할 수 있다.

역지사지의 인지상정은 기업의 상품 개발에도 중요한 기준이 된다. 우리가 아침 대용으로 자주 먹는 켈로그는 역지사지라는 인지상정이 만들어낸 결과물이다. 켈로그의 창립자 윌 키스 켈로그는 미국 미시간주의 한 내과병원에서 25년간 입원환자들에게 식사를 제공하는 일을 했다. 그는 소화기 계통 환자들이 빵에 남아 있는 이스트의 부작용으로 빵을 먹으면 속이 편치 않다는 사실을 알고 이스트가 없는 곡물음식을 만들려고 했다. 시행착오 끝에 곡물을 삶아서 누르는 방법으로 시리얼을 개발했다. 이렇게 만들어진 시리얼은 섬유질이 많은 밀 껍질을 포함하고 있기에 영양가도 빵보다 높고 소화기 건강에도 도움을 주었다. 그러자 환자들이 퇴원하고도 계속 켈로그에게 시리얼을 주문했다. 그 덕분에 시리얼은 환자뿐 아니라 일반인을 위한 아침식사로 자리매김했고, 켈로그를 세계적인 기업으로 만들어 주었다.

"처음부터 잘할 수 있는 일도 없고 잘하는 사람은 드문 일이다. 보험 세일즈를 처음부터 잘하는 게 더 이상하다. 보험 세일즈를 해보지도 않고 걱정하는 것은 고민을 사서 하는 것이다. 어떤 일이든 돈이 개입된 일은 어렵다."

어떤 새로운 일을 시작한다는 것은 이처럼 어렵고 힘들다고 받아들이는 것이 인지상정이다. 보험 세일즈의 시작을 가로막는 부정적인 생각들을 역지사지의 마음으로 숙고하면, 당연한 것으로 받아들여 쉽게 행동할 수 있는 인지상정의 마음을 일으킬 수 있다. 인지상정의 마음은 어떤 문제를 해결하는 데 큰 힘이 되고, 새로운 시작을 할 때 용기를 주는 원동력이 된다. 보험 세일즈 시작을 머뭇거릴 때 역지사지로 인지상정을 생각하면 지금의 고민을 쉽게 해결할 수 있다. 물론 보험 세일즈를 인지상정의 마음으로 쉽게 시작하려면 크게 세 가지 관점에서 정도를 지켜가야 한다.

※ 인지상정의 세 가지 관점

1. 인지(In知)의 관점

자신이 무엇을 알고 있는지, 자신의 행동이 어떤 결과를 불러올지를 인지한다면 막연한 두려움에서 벗어날 수 있다. 이런 것을 인지(認知)하기 위해서는 '인지(In知)'가 필요하다. 시작을 두려워하는 자신의 마음속(In)을 알아차림(知)으로써 지금의 두려움을 극복할 수 있기 때문이다.

시작을 방해하는 고민은 미래에 일어날 일을 미리 당겨서 하는 것이기에 답이 없다. 오직 지금 자신의 마음을 아는 것이 해답을 찾는 길이다. 보험 세일즈를 시작할 때 막연한 두려움으로 시작조차 하지 못했다면 구체적으로 보험 세일즈에 대한 자신의 마음을 인지(In知)해보자. 불안감은 아는 것과 경험한 것으로 의해서 바꿀 수 있다. 자신의 꿈과 미래의 비전에 대한 좋은 느낌만으로도 마음은 바꿀 수 있다. 자신의 마음을 아는 활동인 인지(In知)를 통해서 꿈과 비전을 생각하고 새로운 시작에 대한 설렘을 가진다면 보험 세일즈는 얼마든지 행복하게 시작할 수 있다.

2. 상식(上識)의 관점

상식(常識)은 사람들이 보통 알고 있거나 알아야 하는 지식으로 사회 구성원이 공유하는, 당연한 것으로 여기는 가치관, 일반적인 견문, 이해력, 판단력, 사리 분별 등을 말한다. 보험세일즈 시작을 두려워하는 사람들은 "보험세일즈는 어렵다. 누군가에게 아쉬운 소리를 해야 한다. 다른 사람은 다 해도 나는 못한다." 등 부정적인 상식에 얽매어 있는 경우가 많다.

그런데 어떤 일이든 어려운 부분이 있으면 쉬운 부분도 있다는 것도 상식이다. 보험세일즈도 어려울 수도 있지만 그만큼 쉬운 부분도 있기 마련인 것이 상식인 것이다. 모든 일은 성공할 수 있지만 실패할 수 있다. 마찬가지로 고객에게 거절 받을 수도 있지만 고객에게 감사를 얻을 수 있는 것이 상식이다. 단기간에 성과가 나오지 않을 수 있지만 장기적으로 성과를 만들 수도 있다. 지금은 못할 것 같지만 교육을 통해서 잘 할 수도 있다. 보험 세일즈에 대한 양면성을 있는 그대로 수용할 수 있다면 시작에 대한 두려움을 없앨 수 있다. 이렇게 보험 세일즈에 대한 양면성을 수용하는 상식(常識)을 필자는 그 어떤 것보다 높은 수준의 상식(上識)이라고 확신한다.

모든 성공은 "~때문에" 하지 않는 사람보다는 "~불구하고" 하는 사람에게 주어지는 선물이라는 것은 일반적인 상식(常識)이자 최선의 상식(上識)이다.

3. 정도(正道)의 관점

모든 일에는 정도가 답이다. 보험 세일즈도 정도를 지키는 것이 답이다. 정도를 지켜가는 방법에는 크게 세 가지가 있다.

첫째, 배운 대로 하는 것이다. 보험 세일즈를 배우는 것은 판매 프로세스대로 활동하고 고객의 이익을 먼저 고려하여 다양하고 적합한 상품을 설계하기 위함이다. 따라서 배운 대로 하면 정도를 지켜가면서 성공의 길에 이를 수 있다.

둘째, 마음의 여유를 갖는 것이다. 초기 보험 세일즈는 조급하게 생각할 수 있다. 하지만 고객의 니즈는 언제 개방적으로 바뀌게 될지, 언제 보험계약으로 이어질지는 알 수가 없다. 그래서 초기 보험 세일즈일수록 조급증을 버리고 마음의 여유를 갖고 정도를 걷는 것이 중요하다.

셋째, 절대로 무리하지 않는 것이다. 고객과 어떤 관계가 성립되면 무리하게 보험에 대한 니즈를 환기한다거나 상품을 설명할 수 있다. 하지만 어떤 상황에서도 무리한 활동보다는 고객의 상황에 맞춰 정도를 걷는 것이 중요하다. 정도를 걸을 때 계약에 성공할 확률이 훨씬 높다는 것을 명심해야 한다.

누구나 새로운 일을 시작하는 것이 어려운 것은 인지상정이다. 성공하기 위해서 당연히 받아들여야 하는 것들을 거부하고 자신만의 문제로 국한시키기 때문에 시작하기가 어렵다. 그래서 보험 세일즈는 인지상정의 마음으로 시작하는 것이 필요하다. 인지상정은 자신의 마음을 있는 그대로 인지(In知)하고, 보험 세일즈에 대한 상식(常識)을 상식(上識)으로 받아들여, 성도를 지켜가는 자세만 유지하면 누구든지 성공의 길로 인도해 준다.

오프라 윈프리는 조금도 도전하지 않으려고 하는 것이 인생에서 가장 위험한 일이라고 했다. 새로운 일을 시작하는 것은 어렵다는 인지상정의 마음을 있는 그대로 받아들여 성공한 사람들 입장에서 역지사지해본다면 인생에서 가장 위험한 일인 도전하지 않는 위험에서 지금 당장 벗어날 수 있다.

Lesson 7

고정관념은 깨도 아프지 않다

보험 세일즈 시작을 가로막는 가장 큰 장애물은 고정관념이다. 고정관념이란 사람들의 행동을 결정하는 잘 변하지 않는 굳은 생각, 또는 지나치게 당연한 것처럼 알려진 생각이다. 고정관념은 교육이나 누구의 조언으로도 없어지지 않고 생각 속에서 더 커지는 경향이 있다.

보험 세일즈는 오랜 시간 동안 다양한 모습으로 자리 잡고 있는 부정적인 고정관념 때문에 좋은 직업임에도 불구하고 시작하지 못하고 주저하는 사람이 의외로 많다. 실제로 시작도 하지 않고 생각으로만 고정관념을 더 키우는 경우가 많다.

보험 세일즈에 대한 고정관념은 사회 인식에 따른 반응일 수도 있고, 자신이 경험한 부정적인 컨설턴트의 모습 등으로 만들어진 것일 수도 있다. 따라서 고정관념을 깨려면 부정적인 고정관념의 본질을 파악해 적극적으로 대처해서 자신만의 가능성을 확인해 나가야 한다. 그런데 고정관념은 아무리 깨도 아프지 않다.

보험연구원의 2019년 보험소비자 설문조사에 의하면 보험 산업 전체 가구당 보험 가입율이 98.2%로 조사되었으며 생명보험 가구 가입율은 80.9%, 가구당 가입 건수는 3.0건, 손해보험 가구 가입율은 88.5%이며 가입 건수는 3.5건이었다. 보험에 대한 필요성을 절대 다수가 인식하고 있다는 조사결과다. 보험 가입의 90% 이상이 대면채널인 컨설턴트를 통해서 이뤄진다는 것을 감안하면 대중들이 갖는 보험 세일즈에 대한 이미지는 결코 나쁘지 않다는 것을 알 수 있다.

여기에 보험 가입 전 정보 탐색 경험이 있는지 살펴본 결과 '납입보험료 회사별 비교'에 대해서는 43.6%, '납입기간 및 보장기간'에 대해서는 54.5%, '사업비 또는 예정이율'에 대해서는 17.8%의 응답자가 정보 탐색 경험을 한 것으로 나타났다. 정보 탐색해 본 경로는 회사별 납입 보험료는 '설계사'가 68.3%, 보험료 납입 기간과 보장기간은 '설계사'가 76.3%, 사업비나 예정이율은 '설계사'가 75.6%로 가장 많았다. 대다수의 고객은 컨설턴트를 통해서 보험에 대한 정보를 탐색하고 보험을 가입한다는 것을 알 수 있다. 그만큼 컨설턴트의 전문적인 역량에 따라서 보험 가입이나 보험 세일즈의 이미지는 긍정적으로 나타나는 것을 알 수 있다.

보험 세일즈는 고객의 보험 니즈에 따라 보험 상품을 설명하고 계약을 중게하는 일이다. 그런데 계약을 '들어 준다'고 표현하는 경우가 종종 있다. 고객의 보험니즈가 자발적인 경우도 있지만 컨설턴트의 적극적인 니즈 환기 활동이 고객의 마음을 움직인 경우에 쓰는 표현이다. 고객 입장에서 '들어 준다'는 표현은 컨설턴트의 전문적인 컨설팅 활동에 대해 '감사하다'는 표현인 것이다.

"고객을 왕(王)으로 모시기보다 친구와 가족처럼 수평적인 관계로 생각하고 진심을 다한다. 그렇게 무슨 일이든 땀 흘린 만큼 결실을 맺는다는 믿음이 성공의 비결이다."

N생명보험사에서 2년 연속 대상을 받은 팀장의 말이다. K손해보험사 매출대상을 받은 컨설턴트는 이렇게 말한다.

"진심을 다해 가족처럼 고객을 대하고 지금껏 묵묵히 걸어온 것이 인정받은 것 같다."

H손해보험사 보험왕은 이렇게 성공비법을 전했다.

"자신을 낮추고 상대방을 배려하는 자세가 영업인의 기본이다. 생각한 대로 행동하니 고객과 진심으로 소통할 수 있었고, 자연스레 신뢰를 쌓으며 인정받게 됐다."

이제 당신도 얼마든지 성공의 반열에 오를 수 있다. 지금은 '누구는' 성공하고 '누구는' 성공하지 못하는 시대가 아니라 '누구나' 도전하고 열정적으로 활동하면 '누구나' 성공할 수 있는 기회의 시대다. 보험 세일즈의 대한 부정적인 고정관념만 깨면 당신도 얼마든지 할 수 있다.

보험 세일즈를 망설이는 고정관념 중에 또 하나가 '많은 이들이 보험을 많이 가입했고 주변에 보험컨실턴트가 니무 많아서 힘들다'는 것이다. 그런대 신용정보원의 보험계약자 유형별 분석 자료를 살펴보면 보험계약을 추가로 할 수 있는 여력은 얼마든지 있음을 알 수 있다. 조사에 따르면 다양한 보험을 '골고루 많이' 가입한 소비자는 누적 보험계약이 최대 22.4개, 월납보험료 120만 원 이상이었으며, '실속 위주' 가입자의 2.1개 9만 4,000원에 비해 13배나 많이 지출하고 있는 것으로 조사되었다.

소득이나 계층별 속성에 따라 얼마든지 보험은 추가로 계약할 수 있는 여지가 있다는 것을 보여준다. 세대별 보험 가입율 98.2%의 통계만 보면 추가로 가입할 고객은 없을 것으로 보이지만 통계의 이면을 살펴보면 얼마든지 추가로 가입할 여지가 있다는 것을 알 수 있는 것이다.

지금도 보험 세일즈 성공신화는 계속 나오고 있다. 고객이 이미 많이 가입해서 보험 세일즈가 힘들 거라는 생각은 어디까지 부정적인 고정관념일 뿐이다. 이런 고정관념을 깨고 시도하면 성공 가능성은 무궁무진하다는 것을 알아야 한다.

생명보험 9만1927명, 손해보험 9만4995명으로 약 19만 여명의 보험설계사가 활동 중이다. 그리고 1972년 설계사 등록제도 도입 이래 2017년까지 생명보험 설계사로 입사하고 탈락한 비율은 3.5 가구당 1가구는 생명보험 설계사로 등록했다가 탈락한 경험이 있다. 그만큼 보험 세일즈의 저변이 확대되었기 때문에 자신이 보험 세일즈에서 성공할 가능성은 낮다고 생각할 수 있다.

그러나 이것도 어디까지나 고정관념일 뿐이다. 활동하는 사람이 많다는 것은 그 일이 그만큼 좋다는 것을 반증하는 일이다. 추가로 보험에 가입할 사람이 줄어든다거나 보험 세일즈를 하는 사람이 많아 가능성이 낮아질 것이라는 통계에 의한 고정관념은 자신의 가능성을 숫자에 맞춘 부정적인 결과일 뿐이다.

고정관념은 보험 세일즈의 시작을 가로막는 최대의 장애물이다. "보험 세일즈에 대한 이미지가 좋지 않다거나 아는 사람이 많아야 하고, 말주변이 좋고 외향적인 사람만이 보험 세일즈에 성공할 수 있기 때문에 자신만은 못할 것이다. 거의 모든 가정이 보험을 가입했고, 활동 중인 컨설턴트가 많기 때문에 자신의 성공 가능성은 낮다"는 이런 생각들은 어디까지나 성공의 길을 가로막는 부정적인 고정관념일 뿐이다.

성공은 고정관념이라는 걸림돌을 극복해야만 얻을 수 있는 성과물이다. 보험 세일즈를 시작할 때 만나는 이런 고정관념을 깨려면, 먼저 고정관념은 아무리 깨도 아프지 않다는 당연한 사실을 각인해야 한다.

그런 다음에 고정관념(固定觀念)을 깨고 새로운 고정관념(高正觀念)을 만들어야 한다. 높은 비전을 갖고(高), 정도를 걸으며(正), 관심을 한 곳에 집중하고(觀), 염두에 두지 않는(念), 방법인 고정관념(高正觀念)이 그것이다.

※ 새로 정립하는 고정관념(高正觀念)

1. 높을 고(高)

높은 비전은 고정관념을 사소한 것으로 만들 수 있다. 보험 세일즈 시작을 방해하는 많은 고민들을 높은 비전에서 바라보면 아주 작은 일로 보일 뿐이다. 예를 들어 연봉 1억 원을 비전으로 만들면 보험 세일즈에 대한 이미지나 조건, 통계들은 오히려 자극제가 된다. 비전을 높게 정하면 고정관념은 걸림돌이 아니라 성공을 위한 디딤돌이 될 수 있다.

2. 바를 정(正)

정도를 지키면 고정관념은 즉시 사라진다. 올바른 길과 정당한 도리를 지켜가는 정도는 고정관념이 개입할 틈을 주지 않는다. 보험 세일즈를 시작할 때 마음이 혼란스러운 것은 당연한 일이다. 하지만 혼란이 시작을 방해한다면 회피하기 위한 핑계를 만든 것에 불과하다. 따라서 혼란스럽거나 선택이 어려울 때는 정도를 원칙으로 행동에 옮겨야 한다. 보험 세일즈에 대해 성공은 확신할 수 없더라도 보험 교육은 받아 보고 싶다는 의지가 있다면 디 이상 고민을 할 필요 없다. 이것이 바로 정도다. 바로 발걸음만 들여 놓으면 된다.

3. 볼 관(觀)

한 곳을 집중해서 보면 고정관념은 줄어든다. 보험 세일즈를 시작하지도 않는 상태에서 보험이미지, 연봉, 거절, 상품, 자신감 등 다양한 것에 집중해서 보면 자신감은 줄어들 수 있다. 하지만 오로지 보험교육에 집중해서 보면 자신감은 커지고 두려움은 줄어든다.

고정관념을 줄이거나 없애기 위해서는 관심 가져야 할 것을 최소한으로 줄이고 한 가지에만 집중해서 관심을 가져야 한다. 그것을 '몰입'이라고 한다. 몰입은 일의 성과를 극대화 할 수 있는 가장 강력한 방법이다.

4. 생각 념(念)

당신이 마음에 두지 않으면 고정관념은 생기지 않는다. 보험 세일즈라는 말을 하거나 들어서 부정적인 생각이 만들어졌다면 보험 세일즈의 다양한 장단점 중에 단점만을 염두에 둔 결과일 것이다. 그런 생각의 결과로 보험 세일즈에 대해 부정적인 고정관념이 마음에 굳은 살로 배겨 유연하게 생각하는 것을 방해하는 것이다.

부정적인 고정관념을 만드는 생각을 철저하게 배척하기 위해 어린아이의 마음을 생각하면 좋다. 어린아이는 어떤 일을 할 때 무엇을 염두에 두지 않고 행동한다. 그 행동을 통해서 쉽게 배우고 익힌다.

고정관념은 아무리 깨도 아프지 않다. 이제 당신이 그 고정관념을 깨기만 하면 된다.

☞ **信의 한 수 | 나의 고정관념은?**

당신이 생각하는 당신만의 고정관념을 찾아 보아라.

1 _____ 2 _____ 3 _____

4 _____ 5 _____ 6 _____

7 _____ 8 _____ 9 _____

Lesson 8

딱, 1년만 미(美)쳐 보라

삶의 상태란 마음의 상태가 반영된 것일 뿐이다.

- 웨인W. 다이어

성공한 컨설턴트의 성공사례 강의를 들었다. 강사가 다른 강사로부터 배울 때 가장 마음에 크게 다가온다는 것을 느끼게 해 준 명강의였다. 교육 대상자들은 보험 세일즈를 3개월 정도 경험한 신입 컨설턴트였고, 강의 제목은 컨설턴트의 '성공 마인드'였다. 강사는 5년간에 걸친 보험 세일즈 활동을 통하여 평균 3억 원 정도 수익을 내는 입지전적인 컨설턴트였다. 강의 내내 메모하면서 경청하고 있는데 강의 마무리에 그는 이런 말을 했다.

"컨설턴트로 성공하기 위해서는 마음가짐이 중요합니다."

듣는 사람에 따라서는 식상한 멘트로 들릴 수 있겠다 싶었지만, 필자는 두 시간에 걸친 강의를 한마디로 요약하는 말로 가슴에 오롯이 새길 수 있었다.

보험 세일즈에 성공하기 위해서는 다양한 기법의 숙달도 중요하다. 하지만 이보다 중요한 것은 마음가짐이다. 어떤 일을 시작할 때 마음가짐이 올바로 서지 않는다면 어떠한 성공기법도 왜곡되어 적용되어 잘못된 결과를 불러온다. 보험 세일즈를 준비하는 사람일수록 마음가짐을 적극적이고 새롭게 가져야 한다.

한 가정에 심각한 알코올 중독자인 아버지 때문에 열악한 환경에서 성장한 형제가 있었다. 20년 후 형제의 인생은 완전히 다른 결실을 맺었다. 형은 의과대학의 교수가 되어 알코올 중독자를 치료하고 '금주운동'을 전개하고, 동생은 알코올 중독자가 되어 병원에 입원해 있었다.

"알코올 중독자인 아버지 때문에—"

형제는 현실의 자신을 있게 만든 요인으로 똑같이 이렇게 말했다. 형은 열악하고 비극적인 가정환경을 교훈 삼아 희망의 삶을 개척하는 마음가짐을 가졌고, 동생은 환경에 굴복하여 비관적인 마음가짐을 가졌던 것이다. 알코올 중독자인 아버지를 둔 고통과 시련은 같았지만, 그것을 받아 들이는 마음가짐이 어떠냐에 따라 전혀 다른 인생을 펼치게 된 것이다.

마음가짐은 이처럼 중요하다. 어떤 상황을 만나든 마음가짐에 따라 전혀 다른 결과를 불러올 수 있다.

세계적인 성공철학의 거장 중 한명인 나폴레온 힐은 긍정적인 마음가짐을 중요성을 다음과 같이 주상했다.

"긍정적인 마음가짐은 영혼을 살찌우는 보약이다. 긍정적인 마음가짐은 우리에게 부, 성공, 즐거움과 건강을 가져다줍니다. 반대로 부정적인 마음가짐은 영혼의 질병이며 쓰레기이다. 이는 부, 성공, 즐거움과 건강을 밀어내고 심지어 인생의 모든 것을 앗아간다."

프랑스 약사이자 심리학자인 에밀쿠에를 잘 아는 사람이 의사의 처방전 없이 찾아와 시간이 늦어서 병원에 갈수도 없고 통증이 심하니 약을 지어달라고 하소연을 했다. 에밀쿠에는 처음에 거절했지만 마냥 거절할 수가 없어서 환자의 통증과는 상관없는 인체에 해로움이 없는 포도당류의 알약을 주었다. 그리고 "우선 이 알약을 먹으면 좋아질 것이니 내일 병원에 가서 치료를 꼭 받으라."고 당부하고 돌려보냈다. 며칠 후 그 사람은 "그게 무슨 약인지 참 신통하게도 통증이 없어져서 병원에 갈 필요도 없이 나았다"고 했다.

그는 약사인 에밀 쿠에가 좋아질 것이라고 해준 말을 믿고 약을 복용한 것뿐인데 실제로 병의 치료가 된 것이다. 전문용어로 '위약효과'라고 하는데 어쨌든 긍정적 마음가짐이 스스로 병을 낫게도 한다는 사실을 확인한 사례다. 이처럼 긍정적인 마음가짐은 문제를 해결하고 원하는 목표를 달성할 수 있는 가장 강력한 힘을 발휘한다.

성공은 긍정적인 마음가짐이 빚은 결실이다. W. 글레먼트 스턴도 성공한 사람과 실패한 사람을 구분하는 단 하나의 특성은 바로 긍정적인 마음가짐이라고 강조했다. 문제점을 기회로 생각하는 긍정적인 마음가짐은 무한대의 가능성으로 가득 찬 미래를 펼쳐준다.

보험은 고객의 미래에 닥칠 불행한 일을 지금의 일로 만들어 그 문제를 해결한다. 마음의 안정을 찾고 지금 일에 행복을 느끼게 하는 인류 최고의 발명품이다. 또한 보험 세일즈는 고객과의 관계 속에서 희로애락의 감정을 컨트롤 하는 비즈니스다. 그만큼 성과나 감정 처리에 중요하기에 자신의 마음가짐을 긍정적으로 경영해야 한다. 마음가짐이 보험 세일즈에 얼마나 중요한 역할을 하는지 분명히 알아야 한다.

※ 긍정적 마음가짐을 부르는 3미

1. 미워하지 말자

보험 세일즈를 시작하기 위해 다양한 사람들을 만나 조언을 얻는 경우가 많다. 조언을 요청한 상대는 당연히 현재 보험 세일즈를 하고 있는 컨설턴트일 것이며 그 중에는 탁월한 성취를 이뤄낸 사람들도 있을 것이다. 그런데 이때 조언을 듣고 스스로를 미워하는 쪽으로 떨어지는 경우가 많다.

'나는 아직 시작도 못했는데 저 사람은, 나는 지금 이런 고민에 빠져 있는데 그런 고민은 대수롭지 않게 극복하라고 쉽게 얘기하네, 친한 친구는 벌써 연봉 억이라는데….'

이렇게 스스로 상처를 받는 경우가 허다하다. 상담을 끝내고 자신의 현재 상태를 비관하면서 슬픔에 빠지는 경우다. 이때를 조심해야 한다. 보험 세일즈는 시간과의 싸움이다. 일정 시간이 지나면 누구나 어느 정도의 경쟁력을 가질 수 있다. 보험 세일즈를 시작하고 어느 정도 활동 경력이 쌓이면 지금 부러워하는 그 사람의 모습을 충분히 가질 수 있다. 그런데 자신과 성향이 비슷한 사람이 벌써 자신과 큰 차이를 보인다고 스스로를 미워한다면 어떻게 되겠는가?

작은 속상함이 큰 계획을 그르칠 수 있다. 어떠한 경우에도 스스로 미워하는 잘못에 빠지면 헤어날 수가 없다. 남의 성공이 부럽다고 자신을 미워하지 말고 성장할 수 있는 자극제로 삼아야 한다.

2. 미루지 말자

상대방이 좋은 얘기를 하면 의외로 자신과는 동떨어진 말로 여기고 미루는 경우가 많다. 좋은 말은 즉각 실행하는 것이 인지상정인데 여러 가지 탓으로 돌리면서 행동을 미루려는 습성이 있기 때문이다.

보험 세일즈를 시작하면 다양한 사람들로부터 좋은 말을 자주 듣게 된다. 이때 좋은 말이 오히려 독이 되어 자신과는 맞지 않다고 거꾸로 생각하는 경우가 있다.

"당신은 못할 것 같다."

이렇게 말하면 오기가 발동해서 더 열심히 하는 경우도 종종 있다. 반대로 좋은 말을 듣게 되면 오히려 미루는 것도 이처럼 사람의 말을 거꾸로 듣는 속성이 작용하기 때문이다.

이럴 때는 얼른 이런 속성이 있다는 것을 인정하고 좋은 말을 바로 행동에 옮기는 노력을 기울여야 한다. 좋은 말을 듣고 당장 행동으로 옮기면 그만큼 성공에 이르는 시간도 짧아질 수 있다.

3. 미쳐보자

가장 올바르게 미치는 지름길은 바로 지금 당장 행동으로 옮기는 것이다. 미치기 위해서는 자신의 선택과 행동에 대해 확신을 갖고 즉각 행동으로 옮겨야 한다. 그러면 믿음이 조금씩 쌓여 가는 것을 느낄 것이다.

미친다는 것은 어감상으로는 좋지 않은 감정이 들 수 있다. 그러나 한 가지 일에 몰입한다는 의미에서는 이보다 더 좋은 말도 없다. 보험 세일즈를 시작하겠다고 선택했으면 일단 몰입해서 미쳐봐야 한다. 불광불급(不狂不及)은 어떤 일에 미쳐야 목표에 이를 수 있다는 말이다. 보험 세일즈를 시작하고자 선택했다면 딱 1년만 미쳐보자. 그러면 지금 당장 주변의 모든 것들이 당신을 도와주기 위해 나타나서 큰 힘을 얻게 되는 경험을 할 수 있다.

몽테뉴는 모든 행복과 불행은 자신의 마음가짐에 달려 있다고 했다. 마음이 유쾌하면 종일 걸을 수 있다. 긍정적인 마음가짐으로 위대한 보험 세일스의 행복한 여행의 첫발을 내딛는다면 성공을 향해 뚜벅뚜벅 걸어가는 자신을 발견하게 될 것이다.

딱! 1년만 미쳐 보자!

☞ **信의 한 수 | | Can Do! I Can Do! I Can Do!**

당신이 가장 사랑하거나 존경하는 인물을 하나 골라 그 사람에게 '나도 할 수 있습니다'라는 주제로 편지를 써보자.

----

1. 세일즈는 자신으로부터 인정받을 수 있는 직업이다

1장. 세일즈는 ㅃ 一 'S다

1. 동아일보. 2019.9.24. 한국, OECD 국가 중 자살률 1위. 하루 37.5명꼴

2. 데일리굿뉴스. 2017.3.7. 파이어마커스 이규동 대표 인터뷰

3. 조선일보. 2015.5.20. 성공의 방정식 닮은 '태양의 서커스'와 '삼성전자'

4. 한국경제. 2003.12.16. "No1 아니면 Only1 되라"삼성 이건희 회장

2장. 4차 산업혁명 시대는 세일즈가 대세다

1. 제4차 산업혁명 시대, 미래사회 변화에 대한 전략적 대응 방안 모색.
   김진하_KISTEP 부연구위원, 53p

2. brunch.co.kr/@soulstory/14. 로봇시대에 살아남을 직업 세일즈

3장. 자신 스스로에게 인정받을 수 있는 직업! 보험 세일즈

1. 신동아. 2018.12.16. 너의 모습 그대로 괜찮아

2. 나는 자기주도학습 전문가다. 민철웅, 이재연 공저. 좋은땅. 2014

4장. 보험세일즈, 내가할 수 있을까?

1. 동아일보. 2019.7.6. 아폴로 11호의 달 착륙을 안 믿는 사람들에게

2. 한국투데이. 2019.2.8. 7000번의 실패를 성공으로 바꾼 발명왕 에디슨

3. 조선일보. 2020.4.21. 한국 미술품 최고가 김환기 '우주' 132억 낙찰 후 국내 첫 전시

4. 서울대신문. 2013.4.7. 김환기, 그의 예술 혼을 '환기'하다

5. 틱낫한, 마음에는 평화 얼굴에는 미소, 김영사. 2002

5장. 최고의 직업 선택 기준 3가지

1. 동아일보. 2019.5.30. 소상공인 절반 5년 내 망한다.

   10명중 9명 "최저임금 못 견뎌"

2. 매일경제. 2019.6.3. 지난 4년간 창업보다 폐업 많은 업종 보니

3. 여성소비자신문. 2019.10.10. 2019년 자영업 정말 이대로 좋은가?

4. 매일경제. 2019.6.3. 지난 4년간 창업보다 폐업 많은 업종 보니

5. 조선일보. 2019.9.19. KDI, "프랜차이즈 브랜드, 1년 내 폐업 47.0%"

6장. 보험세일즈, 지화자 좋다!

1. 2018.8. 삼성반도체이야기. 끈끈한 유대감으로 새로운 내일을 만들다! 우리 팀의 GWP(Great Work Place) 이벤트를 소개합니다

2. 18.16. LG Blog. 아침에 눈을 뜨면 출근하고 싶은 회사. U+사내문화 알아보기

3. 낯선 사람효과. 리처드 코치. 흐름출판. 2012

7장. 보험세일즈 성공을 위하여 쓰리 고를 외치자

1. 서울경제. 2019.1.3. 최평규 S&T그룹 회장

   "희생과 소통으로 한걸음씩 전진해야"

2. DBR. 130호. 2013.6. 성공하고 싶다면 '역산 스케줄일' 연습하라.

3. 나는 아내와의 결혼을 후회한다. 김정운. 샘앤파커스. 2009

8장. 보험 세일즈, 3인만 있으면 누구나 성공할 수 있다!

1. 천국에서 보낸 5년. 존 쉴림. 엘도라도. 2015

2. 경향신문. 2014.3.16. 5분 동안 내가 가진 것 생각해보라, 5분 전보다 긍
   정적이 될 것

3. 중앙일보. 2019.2.17. 27년 순댓국집 접고 인생 2막 65살에 모델 되기까지

4. 그대 그대로 좋다. 이규현. 두란노24. 2013.

5. 지금부터 그대로. 이일건. 좋은 땅. 2016.

2. 세일즈는 타인으로부터 인정받을 수 있는 직업이다

1장. 새로운 학습을 통한 Life Model FC1장. 세일즈는 ㅃ 一 'S다

1. 최고의 공부. 켄 베인. 와이즈베리. 2013

2. 공부하는 유대인. 힐 마골린. 일상이상. 2013

3. 굿뉴스데일리. 2016.2.11. 공자, 공부에 뜻을 세우다

4. 생명보험협회 자격시험센터

5. 보험매일. 2017.7.12. 보험설계사 자격 취득 어려워진다

6. 보험왕 토니 고든의 세일즈 노트 저자

7. 한국경제.2017.5.22. '영국의 보험왕'토니 고든 보험설계사 "재테크 고민 된다면 보험설계사와 친해져야"

8. 경희대학교. 2012.7.16. 글로벌 자본주의에 감춰진 이데올로기

2장. 가족사랑 컨설팅을 통한 Life Partner FC

1. 소방관의 기도. 나무위키

2. 한겨레. 2019.4.12. 로고테라피, 고통을 견디게 해주는 의미'의 힘

3. 죽음의 수용소에서. 빅터 프랭클.청아출판사. 2012.

3장. 행동하는 사랑을 통한 Life Practitioner FC

1. 오마이뉴스. 2000.12.6. 행동하는 사랑 해비타트를 아십니까?

2. 한국해비타트 소개

3. 국경없는 의사회 공식 소개

4. 국경없는 의사회. 위키백과

5. 한겨레21. 2019.10.31. 국경없는 의사회 이효민 "슈바이처보다 그냥 의사"

6. HUFFPOST. 국경없는 의사회

7. 한국일보. 2019.10.17. 남수단 톤즈의 이태석 신부

8. 이창준. Guru Peoples

9. Edith Wharton(1862~1937)

10. 긍정의 발견. 바버라 프레드릭슨. 21세기북스. 2009

4장. 경청하고 질문하여 고객의 인정을 받는 FC

1. 누가 회사에서 인정받는가. 박태현. 책비. 2015

2. 경북일보. 2017.3.23. 소통의 중요성

3. 아이굿뉴스. 2017.12.28. 다른 사람의 말을 잘 들어주는 것은 예술이다

4. 질문의 7가지 힘. 도로시 리즈. 더난출판사. 2016

5장. 고객으로부터 인정받는 FC가 되기 위한 3인(因, 仁, 忍)

1. 한국경제. 2019.3.14. 부활 김태원 "가수 후배들에게 조언?

   지식보단 지성을, 지성보단 인성 갖추길"

2. 사람의 힘:영원한 세일즈맨 윤석금이 말한다. 윤석금. 리더스북. 2018

3. 주간경향. 2019.5. 인성이 진정한 실력이다. 조벽 교수

6장. 3꼭 실행으로 고객에게 인정받기(꼭 지키기, 꼭 기록하기, 꼭 믿기)

1. 인맥을 디자인하라. 허은아. 무한. 2007

7장. 3미로 무장하자(재미, 의미, 심미)

1. 중앙일보. 2008.3.19. 웃음으로 미국을 압도한 여성, '진수테리'

2. 네이버 지식백과

3. 굿 라이프. 최인철. 21세기북스. 2018, https://brunch.co.kr/@wodilabs/56

8장. 3L의 실천으로 FC Leadership을 배양하자

1. 조선비즈. 2015.2.16. 조직원 마음을 얻는 '경청의 리더십'

2. 소통의 기술. 하지현. 미루나무. 2007

3. 나무위키

4. (주)에이치엔케이컨설팅. 교육의 효과적인 방법론:경험 학습 (Experiential Learning)에 관하여

3. 세일즈는 공적으로 인정받을 수 있는 직업이다

1장. (1) 공적으로 인정받는 직업과 보험 세일즈

1. 경향비즈. 19.12.15. '연금 3층' 쌓기, 일찍 시작할수록 노후 든든

2. 찾기 쉬운 생활법령 정보 www.easylaw.go.kr

3. 브라이언 트레이시의 전략적 세일즈. 브라이언 트레이시. 비주얼토크 북. 2012

4. 조훈현 고수의 생각법. 조훈현. 인플루엔셜. 조훈현. 2015

2장. 지금은 전문가의 시대

1. SBS 생활의 달인

2. 시사저널e. 2017.9.8. 4차산업혁명시대 보험설계사 사라질까?

3. 보험저널. 2019.5.10. 보험 고객은 혼란스럽다

4. 국립 어학원 표준어 대사전

5. '19.1.1~6.30. 보험계약관리목록/금감원

3장. 보내이션(BoNation)

1. 조선일보 공익세션. 2017.2.21. 고액 기부자 150명이 말하는 '내가 기부하는 이유'S

2. 조선일보. 2016.1.20. 기부 왜 하냐고요? 남 도우면 나도 행복해지니까

3. 동아일보. 2019.6.27. 사망보험금 평균 2995만 원, 너무 적지 않나요?

4장. 윤리경영과 윤리영업

1. 연합뉴스. 2016.9.16. '타이레놀 위기'와 존슨앤드존슨의 신조

2. 매일경제. 2019.1.22. 소비자 69% "착한기업에 소비" 윤리경영, 이젠 선택 아닌 필수

3. 현대 글로비스 윤리경영

4. KBS, 2019.12.24. 착한 기업이 살아 남는다. "사회적 가치 지켜야"

5. 매일경제. 2018.6.14. 보험설계사 자격시험 · 재교육에 '윤리준칙' 추가

6. 연합뉴스. 2018.6.14. 보험설계사 자격시험 · 재교육에 윤리준칙 추가

7. 위키백과

5장. 라이프 코치 시대

1. 시사저널. 2018.5.29. "코칭은 내 존재를 발휘할 수 있도록 돕는 것"

2. 매일경제. 2017.8.25. 학습과 변화를 위한 코칭

3. 월간 리크루트. 2016.11.23. 내년의 성장을 돕는 인생 파트너, 생활코치

4. 아타라 크리에이티브 코칭. 송수연코치

5. 매일경제. 2016.11.17. 'FC, RC, FP?' 보험설계사 명칭 제각각 소비자 혼

선 우려

6. 아시아경제. 2019.9.3. '질병 예측'보험도 AI 시대

7. 이데일리. 2019.12.17

8. 시사저널. 2017.9.8. 4차산업혁명시대 보험설계사 사라질까?

6장. 사명감으로 무장하다(사랑, 명견만리, 감사)

1. 경북일보. 2018.9.26. 포항 맛 집으로 소문난 빵집 투어

2. 마음을 담은 빵, 세상을 향해 굽다. 한상백. 천그루숲. 2019

3. KBS. 2020.02.05. 이국종 교수

4. 경향신문. 2015.3.3. '아덴만 영웅' 석해균 선장, 병원비 이어 에어앰불런
스 비용도 떠넘겨

5. 나를 위대하게 바꾼 72시간. 정명원.신성호 공저. 토트 출판사. 2017.

6. 서울경제. 2018.7.26. "멘토와 함께 멘티도 성장, 참보험 사명감으로 뭉
쳤죠"

7. MDRT가 들려주는 성공법칙. 임인호. 하사람. 2014.

8. 순간의 힘. 칩히스, 댄히스. 웅진지식하우스. 2018

9. 물은 답을 알고 있다. 에모토 마시루. 더난. 2008.

10. 타이탄의 도구들. 2017.4.3. 토네이도

7장. 사명감으로 무장하다(사랑, 명견만리, 감사)

1. 마음의 힘. 바티스트 드 파프. 토네이도. 2014.10.25.

2. 내 인생에 힘이 되어준 한 마디. 정호승. 비채. 2006

3. 친구_행운의 절반. 스탠 톨러. 위즈덤하우스. 2007

4. DBR. 2014. 7

5. 연합뉴스. 2019.10.31. 英대학 연구진 "자기애 강한 사람이 일반인보다 더 행복"

6. 조선일보. 2019.11.15. 자신만 사랑하는 병 '자기애성 성격장애' 당신은 아닌가요?

7. 한겨레. 2018.8.12. 자존감도 좋지만 그게 다 자존감 낮은 내 탓인가요

8. 불안한 나로부터 벗어나는 법. 바바라 버버. 나무생각. 2008

8장. 3N 프로세스로 인정받는 보험 세일즈(Now, Need, Negociation)

1. 매일경제. 2016.7.3. 아르헨티나 울린 어느 선생님의 편지 메시의 선택은?

2. 한국갤럽. 2019

3. 아시아경제. 2020.2.12. '머메리즘과 기업가정신

4. 곡선이 이긴다. 유명만. 리더스북. 2011

5. 서울경제. 2018.9.11. 소비자 행동 패턴을 점검하라

6. 데이타솜. 2016.4.11. 20대 이상 10명중 7명, "막연한 미래에 대한 두려움 있다"

7. 중앙일보. 2015.6.17. 답이 없는 내 인생? 미래에 대한 불안감을 극복하는 방법

8. 협상의 공식. 남학헌. 고려원북스. 2016

1장. 작은 시작은 위대하다

1. DBR. 2013.10

2. 위키백과

3. IT 동아. 2014.6.19. 너 그거 알아? 유튜브는 원래 온라인 데이트 서비스 였어

4. 매일경제. 2019.2.27. 장대환 매경미디어그룹 회장 "기적은 '작은 시작' 이 만듭니다"

5. 고영성, 신영준, 로크미디어. 2017

6. 희망은 깨어있네. 이해인. 마음산책. 2010

7. 아주 작은 습관의 힘. 제임스 클리어. 비지니즈북. 2019

8. 포스코. 방재욱 생명에세이

9. 아시아경제. 2020.1.23. 작심삼일을 작심삼일하라

10. 조혜련의 미래일기. 조혜련. 위즈덤하우스. 2009.

2장. 보험은 교육이다. SPEC을 쌓자

1. 한국경제. 2017.7.17. 어떻게 해야 신입사원을 불타게 하나?

2. 보험신보. 2019.11.4. 교보생명, 설계사 자격시험대비 교육 강화

3. 내가 정말 알아야 할 모든 것은 유치원에서 배웠다. 로버트 풀검. 알에 이치코리아. 2018

4. 드라이브. 다니엘 핑크. 청림출판. 2011

3장. KASH는 CASH다

1. 경기청소년신문. 2020.4.29. 청소년, 직업 선택시 '수입'이 가장 중요해

2. 중앙일보. 2017.2.24. 남녀노소 정년 없는 평생직장 인기

3. 조선일보. 2019.6.23. 생보 설계사 월소득 평균 307만원

4. 한국경제. 2019.6.2. 생명보험협회, 우수인증설계사 1만3174명 선정

5. 매일경제. 2019.12.27. 작년 근로자 연봉 평균 3650만 원, 억대 80만 명

6. 매일경제. 2017.9.12. 작은 비용도 방치하면 손실 100배로 커진다

7. 매일경제. 2019.6.28. "불완전판매는 가라" 우수인증설계사 2만9천명 선정

8. 아시아경제. 2017.6.27. "10년 연속 우수인증설계사 비결은 기본에 충실한 설계"

9. 한국경제. 2019.6.2. 'A급 보험설계사'의 소득은?

10. 돈이 되는 글쓰기의 모든 것. 송숙희. 책밥. 2020.2.24.

11. 보험신보. 2019.10.7. 보험영업의 새로운 솔루션-지식 · 태도 · 기술 · 습관의 성공방식을 기억하라

12. 일을 즐겨라. 정명숙. 아라크네. 2011.6.10.

13. 톱세일즈맨의 3가지 성공법칙. 차태진. 지식노마드. 2008.

14. 매일경제 증권. 2014.3.31. 맥주(Kash)의 유래

4장. 운명 한 번 바꿔봐!

1. 경남일보. 2017.11.27. 숙명(宿命)과 운명(運命)

3. 불광미디어. 2019.8.21. 운명은 결정되어 있다. 하지만 바꿀 수 있다!

4. 운명을 바꾸는 법. 정공법사. 불광출판. 2008.4.21.

5. 지금 이 순간을 살아라. 에크하르트 톨레. 양문. 2001.

6. 서울경제. 2019.11.29. 생각이 사람을 바꾼다.

7. 말의 힘. 이규호. 제일출판사. 1998

8. 중앙일보. 2017.1.2. '21일 법칙'지켜야 나쁜 습관 고친다.

5장. 1인 기업 CEO로 시작하자

1. 1인 창조기업 육성에 관한 법률 2조

2. Wow 프로젝트, 네 이름은 브랜드. 톰 피터스. 21세기북스. 2002

3. 조선일보. 2019.12.1. 작년 창업기업 92만 개 사상 최대지만 1인 기업이 90%

4. 동아일보. 2019.10.22. 성인 10명중 6명 "유튜버 꿈꾼다." 月 기대수입 396만 원

5. 한국일보. 2018.12.13. 초등생 장래희망 유튜버 5위

6. 피터 드러커의 최고의 질문. 피터 드러커. 다산 북스. 2017.

7. 미시간 코리아 위클리. 2014.11.13. 일류 기업 CEO의 자질

8. 매일경제. 2017.5.17. 기동호 코리아에셋투자증권 대표, 연세대에서 강연

6장. 인지상정(인지상정)의 마음으로 시작하자

1. 중앙일보. 2020.4.9. 용산역서 '살려달라' 산모 외침에 출산 도운 대학생, "누구라도 그랬을 것"

2. 중앙일보. 2019.4.26. 일할 생각 없는 한국 '니트족' 청년 18% 일본·독일의 2배

3. saramin 기업연구소. 2019.5.23

4. DBR. 2010년12월. 70호.

7장. 고정관념(固定觀念)을 없애고 시작하자

1. 보험연구원. 2019년 보험소비자 설문조사

2. 한국경제. 2019.5.23. 보험의 왕도는 진심을 다해 고객과 소통하는 것

3. 세계비즈. 2020.3.20. 국내 가구당 보험가입률 98.2%

4. 매일경제. 2020.2.27. 손보 설계사 규모 생보 첫 추월…이유가?

5. 매일경제. 2020.2.10. 보험설계사 10명 입사하면 1년後 6명 그만둬

8장. 보험 세일즈 시작은 마음가짐이 좌우한다